Jutta von der Lühe-Towe

Training Rechtschreibung

9./10. SCHULJAHR

BEILAGE: LÖSUNGSHEFT

Ernst Klett Verlag
Stuttgart Düsseldorf Leipzig

Gedruckt auf Papier,
das aus chlorfrei gebleichtem
Zellstoff hergestellt wurde.

Die Deutsche Bibliothek – CIP-Einheitsaufnahme

Training Rechtschreibung : Sekundarstufe I. – Stuttgart ;
Düsseldorf ; Leipzig : Klett
Schuljahr 9./10. / Jutta von der Lühe-Tower. – 4. Aufl. – 1999
ISBN 3-12-922085-2

4. Auflage 1999
Dieses Werk folgt der reformierten Rechtschreibung und Zeichensetzung.

Internetadresse: http:www.klett-verlag.de/klett-lerntraining
E-Mail: klett-kundenservice@klett-mail.de
Zeichnungen: Christa Jannik, Leinfelden-Echterdingen
Satz: Kittelberger GmbH, Reutlingen
Druck: Wilhelm Röck, Weinsberg
Einband- und Innengestaltung: Bayerl & Ost, Frankfurt/M.
ISBN 3-12-922085-2

Groß- und Kleinschreibung – „Die gesunden Speisen oder die Gesunden speisen?"

Satzbeginn und Überschriften

Wettermeldungen

1. Hamburg (dpa) – Die Bundesbürger zittern in den Juni hinein: Nach wie vor lässt sich die Sonne nicht blicken.
2. Meteorologe Dr. Sturm: *„Dieser Frühsommer ist ein milder Winter!"*
3. Grausames Wetter, nicht auszuhalten!!!
4. U. U. muss morgen mit Hagel gerechnet werden.
5. Das Wetter heute: nasskalt, gelegentlich heftige Schauer.
6. Köln (Eigene Meldung). Gestern blieben die Schwimmbäder leer; eine dünne Eisschicht überzog die Planschbecken.

AUFGABE 1

Betrachte die markierten Wörter in diesen katastrophalen Wettermeldungen genauer und überlege:

a) Warum werden sie in Satz 1 bis 4 großgeschrieben? Du kannst drei unterschiedliche Gründe finden.

____

b) Warum werden sie in Satz 5 bis 6 kleingeschrieben? Es gibt zwei unterschiedliche Gründe.

____

Möglicherweise haben dich deine Beobachtungen schon zu einer Grundregel der Groß- und Kleinschreibung hingeführt:

MERKE

Groß- und Kleinschreibung am Satzanfang und bei Überschriften

Großgeschrieben wird das erste Wort
- eines Satzes
- eines ganzen Satzes nach einem Doppelpunkt
- einer wörtlichen Rede
- einer Überschrift.

Das gilt auch für Abkürzungen.

Klein weitergeschrieben wird
- nach einem Semikolon
- nach einem Doppelpunkt, wenn kein vollständiger Satz folgt.

AUFGABE 2

Nach dem fürchterlichen Sommeranfang hat sich nun das Wetter gebessert. Entscheide, wie die folgenden Wettermeldungen geschrieben werden müssen.

a) ___(e/E)ndlich: ___(d/D)er Sommer kommt!

b) ___(g/G)estern durften die Bundesbürger ihre Badehosen auspacken:

____(s/S)teigende Temperaturen und Sonnenwetter angesagt.

c) Die Meteorologen meinen: „___(a/A)us diesem Sommer kann noch was werden.“

d) ___(p/P)ackt die Badehosen ein …! !

e) ___(e/E)vtl. bis Ende nächster Woche ununterbrochen Sonnenschein.

f) ___(d/D)ie Deutschen dürfen nun aufatmen; ___(a/A)lle Vorhersagen deuten auf einen Supersommer hin.

Eigennamen, Titel und feste Wortverbindungen

Was sind Eigennamen?

Zu einer Talkshow beim Sender „wow“ wurden die folgenden Gäste eingeladen:

1. Klein Erna
2. die Heiligen Drei Könige aus Groß Flatow
3. Prof. Dr. Dr. Schlaumeier
4. Fliegender Pfeil, Häuptling der Wampapog Indianer
5. Peter Paul Patzke, technischer Zeichner
6. Bruno Bronsky, Fachmann für künstliche Intelligenz
7. Blacky, das schwarze Schaf

AUFGABE 3

a) Betrachte die markierten Wörter bei den Sätzen 1–4. Kannst du ihre Großschreibung erklären? Es gibt zwei Gründe dafür.

____

b) Aus welchen Gründen sind die markierten Wörter bei den Sätzen 5–7 kleingeschrieben? Finde zwei Begründungen.

____

Vielleicht hast du eine weitere Grundregel der Groß- und Kleinschreibung bei deinen Überlegungen schon erfasst.

MERKE

Groß- und Kleinschreibung bei Eigennamen, Titeln und festen Wortverbindungen

Großgeschrieben werden
- Eigennamen
- Titel

Kleingeschrieben werden
- Berufsbezeichnungen
- feste Verbindungen aus Adjektiv und Substantiv, die keine Eigennamen sind

Daher werden die folgenden Wortverbindungen kleingeschrieben:
der blaue Brief, das neue Jahr, die gelbe Karte, die goldene Hochzeit, die grüne Lunge, das schwarze Brett, die schwedischen Gardinen, der weiße Tod, die graue Eminenz

AUFGABE 4

Zur gleichen Zeit wie bei „wow“ läuft eine Talkshow beim Konkurrenzsender „Super-7“. Natürlich mussten die Gastgeber für eine ebenso interessante Gästeliste sorgen. Entscheide, wie die Personennamen im Programm ausgedruckt werden.

a) der ___(h/H)eilige Vater

b) die ___(l/L)aute ____(l/L)otte, Sängerin der Rockband ___(h/H)eiße ___(ö/Ö)fen

c) ___(b/B)runo ___(b/B)ullerjan, Experte für ___(s/S)chwedische Gardinen

d) ___(d/D)ipl. ___(i/I)ng. ___(d/D)r. Fitzelfutzel

e) ___(i/I)hre Majestät ___(m/M)adonna

f) Frau Elfriede Ehrenvoll, ___(g/G)rüne Witwe

g) Lora Lieblich, ___(k/K)aufmännische Angestellte

Fachbegriffe und geographische Bezeichnungen

Stationen einer Pauschalreise in den Nahen Osten

Abflug Hamburger Flughafen
Ankunft Istanbul

Besichtigung Blaue Moschee

Besuch der Deutsch-Türkischen-Gesellschaft

Rundfahrt Goldenes Horn

Vortrag: „Die Schwarze Witwe und andere Spinnen des Vorderen Orients“

Ankunft Eilat am Roten Meer

Besichtigung der jordanischen Wüstenstadt Petra

Ankunft Frankfurter Flughafen

Rückreise nach Hamburg mit dem ICE Blauer Enzian

AUFGABE 5

Bei dieser Reise gibt es wohl allerhand zu sehen und zu erfahren. Wenn du die markierten Wörter betrachtest, kannst du erkennen, dass nicht nur Personennamen zu den Eigennamen zählen.
Für welche anderen Sachverhalte gelten in diesem Reiseprogramm die Bezeichnungen als Eigennamen, die großgeschrieben werden? Du kannst vier verschiedene Beispiele unterscheiden.

MERKE

Groß- und Kleinschreibung bei Fachbegriffen und geographischen Bezeichnungen

Zu den großgeschriebenen Eigennamen zählen auch
- Einzelerscheinungen in den verschiedenen Wissensbereichen
- Bezeichnungen für Institutionen, Organisationen, Betriebe und Zeitungen
- geographische Bezeichnungen auf **-er**

Kleingeschrieben werden geographische Bezeichnungen auf **-isch.**

AUFGABE 6

Beim Akademischen Verein Kleinnürtingen werden für das kommende Jahr folgende Vorträge angekündigt. Sorge dafür, dass das Programm richtig geschrieben wird.

a) Wie fern ist der ___(f/F)erne Osten?

b) Neues aus den ___(v/V)ereinigten Staaten

c) Grundwissen Astronomie: „Vom ___(g/G)roßen Wagen bis zum ___(k/K)leinen Bären“

d) Diavortrag über die ___(n/N)orditalienischen Seen

e) Die Geheimnisse der ___(g/G)emeinen Stubenfliege

f) Rund um das Kap der ___(g/G)uten Hoffnung: ein Reisebericht

g) Weinseminar: „Die besten ___(d/D)eutschen Weine“

h) Insider beim ___(z/Z)weiten ___(d/D)eutschen Fernsehen

i) Quer über den ___(a/A)tlantischen Ozean und den ___(s/S)tillen Ozean. Unser Weltumsegler Johannes Johanson berichtet.

k) Aus der Welt der Zeitungsmacher: K. E. Jung, Redakteur bei der Wochenzeitung „___(d/D)ie Zeit“, plaudert aus dem Nähkästchen.

l) Geschichte des ___(z/Z)weiten Weltkriegs

m) Eifersucht bei Geschwistern: Das ___(z/Z)weite Kind wurde geboren.

Pause

Nun hast du schon eine Menge gelernt und dir eine Pause verdient. Wie wäre es zur Entspannung mit einem Rätsel, bei dem du so ganz nebenbei dein Wissen überprüfen kannst?
Wenn du die Buchstaben in den markierten Feldern von 1. bis 7. richtig sortierst, erhältst du die Autokennzeichen für die folgenden Länder:

Ungarn, Schweden, Türkei, Schweiz, Vereinigte Staaten von Amerika, Deutschland, Belgien, Ruanda

1. Englischer König, der mit seinen zahlreichen Ehefrauen nicht gerade zimperlich umsprang

☐ ________________ ______ ☐ _________

2. Berühmter italienischer Turm in Schieflage

______ ☐ _______ ☐ _________ _______ _________

3. Ehejubiläum nach einem halben Jahrhundert

______ ________________ ☐ ________________

4. Große politische Partei in Deutschland

☐ ___________________ ☐ __________________________

☐ _________

5. Gefürchtete Post zu Schuljahresende

______ ____________ ☐ _________

6. Englische Alt-Rockgruppe mit dem Lead-Sänger Mick Jagger

☐ ______________ ☐ ____________

7. Nicht nur Weinglas, sondern auch Bewohner einer europäischen Hauptstadt und auch Angehörige einer untergegangenen Weltmacht

☐ ____________

Substantive und andere Wortarten

In den folgenden Wörterreihen passt jeweils ein Wort nicht dazu.

1. essen	trinken	tassen	schlafen
2. genau	gelassen	geräte	gerissen
3. wenn	mann	dann	denn
4. hit	super	out	joggen
5. oben	faden	unten	neben

AUFGABE 7

Schreibe die „unpassenden“ Wörter in ihrer richtigen Schreibweise heraus und begründe, warum sie sich von den anderen in der Reihe unterscheiden.

Wenn du die vorhergehende Aufgabe richtig gelöst hast, ist dir eine weitere Grundregel der Groß- und Kleinschreibung deutlich geworden:

MERKE

Großschreibung von Substantiven

Substantive schreibt man groß.
Das gilt auch für Substantive aus anderen Sprachen.
Alle anderen Wortarten schreibt man klein.
Aber:
Wird von einem Substantiv ein gleich lautendes Wort abgeleitet, das zu einer anderen Wortart gehört, wird dieses natürlich kleingeschrieben.

AUFGABE 8

In der folgenden Liste sind zwar alle Wörter mit den richtigen Anfangsbuchstaben geschrieben; es gibt jedoch Wörter, die ohne Veränderung auch als Substantive auftauchen und dann natürlich großgeschrieben werden. Vor diese Wörter kannst du einen Artikel setzen.

kaputt, langsam, regen, hindurch, manchmal, leben, käuflich, wagen, und, funken, meistens, selten, tropfen, neu, streifen, auf, oder, spalten, merkwürdig, überdies, nachher, haken

---

In den folgenden Übersichten und Aufgaben findest du Wörter, bei denen du genauer aufpassen solltest. Denn manche Adverbien und Präpositionen haben den gleichen Wortlaut wie Substantive.

Substantive: Großschreibung	Andere Wortarten: Kleinschreibung
Er gab keinen **Laut** von sich.	Wir müssen Sie **laut** Vorschrift XYZ anzeigen.
Herzlichen **Dank** für Ihre Hilfe.	Ich habe **dank** Ihrer Hilfe viel Zeit gewonnen.

AUFGABE 9

Entscheide dich für die richtigen Anfangsbuchstaben.

Wir haben wenig ___(z/Z)eit. Sie war ___(z/Z)eit ihres Lebens arm.

Wir hatten ___(t/T)rotz des schlechten Wetters einen wunderbaren Urlaub.

Sein ___(t/T)rotz war nicht zu brechen.

Mit letzter ___(k/K)raft erreichte er die Siedlung.

Der Richter sprach ___(k/K)raft seines Amtes ein mildes Urteil.

Aus manchen Substantiven kann mithilfe eines angehängten „-s“ eine andere Wortart abgeleitet werden.

Substantive: Großschreibung	Andere Wortarten: Kleinschreibung
Er nutzt **jedes Mittel** um voranzukommen.	Er kommt **mittels** vielseitiger Unterstützung gut voran.
Es hat **keinen Zweck.**	Wir sollten **zwecks** Zeitersparnis auf das Mittagessen verzichten.

AUFGABE 10

Entscheide dich für die richtigen Anfangsbuchstaben:

Der ___(d/D)urchweg zu dem verschütteten Dorf war versperrt.

Man konnte nur ___(m/M)ittels eines Traktors die umgestürzten Bäume entfernen.

Wegen des ___(m/M)angels an kräftigen Männern war es jedoch schwer, schnell voranzukommen.

Dennoch sind die Hilfsmannschaften ___(d/D)urchwegs zufrieden, weil viele Menschen wegen des guten ___(/Z)wecks Blut spenden.

MERKE

Tageszeiten

Tageszeiten werden großgeschrieben, wenn sie in Verbindungen mit heute, (vor)gestern oder (über)morgen stehen. Auch die Verbindung aus Wochentag und Tageszeit schreibt man groß.
Beispiele: gestern Abend, am Sonntagabend, heute Mittag;
aber: morgen früh

Viele Adverbien, die Tageszeiten angeben, werden mithilfe eines angehängten „-s“ von einem Substantiv abgeleitet:

Substantiv → Großschreibung	Andere Wortarten → Kleinschreibung
Am Abend bin ich müde.	Ich bin abends müde.
Ich komme am Sonntagmittag.	Ich komme am Sonntag, und zwar mittags.
Hast du morgen Nachmittag etwas vor?	Ich bin nachmittags immer ausgebucht.

AUFGABE **11**

Entscheide dich für die richtigen Anfangsbuchstaben.

Die Party begann am Freitag erst spät ___(a/A)bends, erreichte ihren Höhepunkt tief in der ___(n/N)acht, sodass die Gäste bis zum ___m/Morgen wach blieben und erst ___(m/M)ittags ins Bett fielen. Am ___(s/S)onntagmorgen waren dann alle wieder recht fit, frühstückten ausgiebig und fuhren ___(n/N)achmittags wieder nach Hause.

MERKE

Angst, Bange, Gram, Leid, Schuld und Pleite

In Verbindung mit den Verben „sein“, „bleiben“ und „werden“ schreibt man „Angst“, „Bange“, „Gram“, „Leid“, „Schuld“ und „Pleite“ klein.

Du hast Schuld.	Du bist schuld.
Du hast Recht.	Es ist mir recht.
Du hast Angst.	Ihm ist angst und bange.
Du gehst Pleite.	Wir sind pleite.

Auch manche abgeleiteten Adjektive bereiten Probleme bei der Schreibung, weil es oft ähnliche Formulierungen mit Substantiven gibt. Viele Zweifelsfälle kannst du lösen, wenn du überprüfst, ob du das Wort durch ein anderes Adjektiv oder Substantiv ersetzen kannst:

Substantive → Großschreibung	Adjektiv → Kleinschreibung
Aus dem Spiel wurde Ernst.	Nimm deine Arbeit ernst.
Ich habe Hunger.	Ich bin hungrig.

AUFGABE 12

Entscheide dich für die richtigen Anfangsbuchstaben.

Es ist mir gar nicht ___(r/R)echt, wenn du so schweigsam bist. Natürlich glaube ich nicht, dass du die alleinige ___(s/S)chuld an unserem Streit hast, denn ich finde, dass wir beide daran ___(s/S)chuld sind. Wenn wir jetzt ziemlich ___(p/P)leite sind, brauchst du doch dennoch keine ___(a/A)ngst zu haben, dass wir jetzt bittere ___(n/N)ot leiden werden und nur von Wasser und Brot leben müssen. Wenn es uns ___(e/E)rnst mit dem Sparen ist, können wir uns bald wieder eine saftige Pizza leisten.

Substantivierungen

Verben

Es gibt Ärger in der Familie Meistermann. Sascha hat seine Zimmertür mit folgenden Mitteilungen beklebt:

1. Vor dem Eintreten bitte 3-mal klopfen.
2. Nur gut gelaunte Eltern und Geschwister dürfen eintreten.
3. Das gründliche Aufräumen dieses Zimmers ist nur einmal monatlich möglich.
4. Alles Schimpfen umsonst: Mein Walkman ist lauter.
5. Das Servieren von Frühstück ist jederzeit gestattet.
6. Am Sonntag jedoch nicht vor 11.00 Uhr aufwecken.

AUFGABE 13

a) Überlege, aus welchem Grund die markierten Wörter in den Sätzen 1 sowie 3 bis 5 großgeschrieben sind.

b) Vermutlich ist es nicht schwer herauszufinden, warum die markierten Wörter in Satz 2 und 6 kleingeschrieben sind.

Wenn du die beiden vorhergehenden Fragen richtig beantwortet hast, hast du bereits die Regel verstanden.

MERKE

Substantivierte Verben werden großgeschrieben

Man erkennt substantivierte Verben daran, dass sie die gleichen Eigenschaften wie ein Substantiv aufweisen:
- Sie können einen Artikel bei sich haben: das Servieren.
- Sie lassen sich in die vier Fälle setzen: **vor dem** Eintreten.
- Sie können ein gebeugtes Adjektiv als Attribut bei sich haben: **gründliches** Aufräumen.
- Wenn kein Artikel oder Attribut erkennbar ist, lässt sich eines ergänzen: Betreten verboten = das Betreten ist verboten.

AUFGABE 14

Sicherlich kannst du dir vorstellen, dass Sascha mit seinen „Mitteilungen“ nicht dem Familienfrieden gedient hat. Seine Mutter jedenfalls tritt in den Streik. Auch sie hat ihre Mitteilungen zu machen. Wie müssen sie geschrieben werden?

a) Wegen des Sommeranfangs heute kein ___(k/K)ochen möglich:
Ich muss mich ___(s/S)onnen.

b) Aufträge zum ___(w/W)aschen und ___(b/B)ügeln werden erst wieder in vier Wochen entgegengenommen.

c) Morgen früh wird niemand geweckt; bitte allein ___(a/A)ufstehen.

d) Bitte nicht beim ___(t/T)elefonieren stören; ich spreche erst seit einer Stunde.

e) Das ___(e/E)inkaufen in dieser Woche entfällt: Muskelkater vom Damenkegeln.

f) Am Wochenende werde ich ___(v/V)erreisen; bitte Kühlschrankinhalt selbst ___(ü/Ü)berprüfen.

g) Gründliches ___a/Abfragen schlecht gelernter Vokabeln sowie sorgfältiges ___(v/V)erbessern misslungener Mathehausaufgaben auf Empfehlung des Augenarztes in nächster Zeit nicht möglich.

h) Alles ___(j/J)ammern umsonst: Mutter im Streik! ! !

Adjektive

Ute blättert in ihrem Poesiealbum und findet zahlreiche Lebensweisheiten:

1. Es gibt nichts Gutes, außer man tut es!
2. Was lange währt, wird endlich gut.
3. Denk an die Kraft in deinen Händen, dann wird sich alles zum Guten wenden.
4. Such das Wahre, Schöne und Gute und bleib dir treu, liebe Ute.
5. Angst ist kein guter Ratgeber.
6. Das Bessere ist des Guten Feind.
7. Der Weg zur Hölle ist mit guten Vorsätzen gepflastert.
8. Bemühe dich um viele Freunde, aber erzähle nur den guten deine Geheimnisse.

AUFGABE 15

So viele „gute" Ratschläge! Aber warum wird das Wort „gut" so unterschiedlich geschrieben?

____

a) Überlege, aus welchem Grund die markierten Wörter in den Sätzen 1, 3, 4 und 6 großgeschrieben sind.

____

b) Vermutlich ist es nicht schwer herauszufinden, warum die markierten Wörter in Satz 2, 5 und 7 kleingeschrieben sind. Bei Satz 8 allerdings solltest du genau nachdenken.

____

Vermutlich war es nicht schwer auf die Regel auf der nächsten Seite zu kommen.

MERKE

Substantivierte Adjektive werden großgeschrieben

Man erkennt substantivierte Adjektive daran, dass sie die gleichen Eigenschaften wie ein Substantiv aufweisen:
- Sie können einen Artikel bei sich haben: das Gute.
- Sie lassen sich in die vier Fälle setzen: des Guten.
- Sie können eine unbestimmte Mengenangabe bei sich haben: nichts Gutes.
- Wenn kein Artikel oder keine unbestimmte Mengenangabe erkennbar sind, lassen sich solche ergänzen:
  Beispiel: Manchmal lässt sich Gut und Böse schlecht unterscheiden = das Gute und das Böse.

Aber: Kleingeschrieben werden Adjektive auch dann, wenn sie sich auf ein vorherstehendes Substantiv beziehen: Ich habe viele Freunde, nur den guten erzähle ich meine Geheimnisse.

AUFGABE **16** Uta hat noch weitere Sinnsprüche. Setze die richtigen Anfangsbuchstaben.

Gleich und ___(g/G)leich gesellt sich gern. Wie die ___(a/A)lten sungen, so singen auch die ___(j/J)ungen. Willst du nicht im ___(d/D)unklen tappen, musst du dir ein Lichtlein schnappen. Nichts ___(m/M)enschliches sei dir fern. Gehe nie mit ___(u/U)nbekannten. Liebe deinen ___(n/N)ächsten wie dich selbst. Wer immer auf dem ___(l/L)aufenden sein will, muss aufpassen, dass er nicht außer Atem kommt. Bleibe ___(m/M)enschlich. Komm mit dir ins ___(r/R)eine, alles andere geht von alleine. Einen ___(a/A)lten Baum soll man nicht verpflanzen. Tue stets das ___(r/R)echte, auch wenn es alle ___(ü/Ü)brigen nicht tun. Wird es ___(d/D)unkel um dich her, kommt von irgendwo ein Lichtlein her. Was dem einen ___(r/R)echt ist, ist dem anderen ___(b/B)illig. Am ___(n/N)ächsten Tag sieht alles anders aus. Schau in dein Portmonee, bevor du jemandem etwas mit ___(g/G)leicher Münze heimzahlst. Alte Schuhe sind meist bequemer als ___(n/N)eue. Wer alles nur im ___(g/G)roßen und ___(g/G)anzen richtig machen will, macht im ___(a/All)gemeinen viele Fehler.

Du hast gelernt, dass Verben und Adjektive substantiviert werden können und dann großgeschrieben werden. Aber es gibt noch andere Wortarten wie z. B. das Numerale (Zahlwort), das Adverb, das Pronomen, die Präposition, die Konjunktion und die Interjektion. Auch diese Wortarten können substantiviert werden. Aber während du eigentlich jedes Verb und jedes Adjektiv substantivieren kannst, kommt dies bei den anderen Wortarten nur in Einzelfällen vor. Folgende Liste kann dir helfen. In der Spalte Kleinschreibung findest du hier jedoch nicht die „normale" Kleinschreibung, sondern Einzelwörter, die man für Substantivierungen halten könnte, die aber dennoch kleingeschrieben werden.

MERKE

Groß- und Kleinschreibung bei weiteren Wortarten

Auch bei den übrigen Wortarten kommt es gelegentlich zu großgeschriebenen Substantivierungen. Allerdings sollte man die folgenden kleingeschriebenen Ausnahmen beachten:

	Großschreibung	**Kleinschreibung**
Numerale (Zahlwörter)	Sie schrieb eine **Drei.**	Diese **drei** kenne ich nicht. Wir waren an die **zehn**. Teile die Zahl durch **zwei.**
Ordnungszahlen	am **Ersten** des Monats, fürs **Erste,** der **Letzte,** jeder **Fünfte**	
unbestimmte Zahlwörter	der **Einzelne,** der **Einzige,** alles **Übrige,** alles **Mögliche**	**viele,** die **meisten,** die **einen,** die **anderen,** unter **anderem,** **weniges**
Adverbien	das **Hier** und **Jetzt,** im **Voraus,** im **Nachhinein**	
Pronomen	das **Du** anbieten, **Mein** und **Dein** nicht unterscheiden, ein gewisses **Etwas**	so **mancher**, mit **diesem** und **jenem, beides,** mit **beiden**
Präposition	das **Hin** und **Her**, das **Auf** und **Ab**	
Konjunktion	ohne **Wenn** und **Aber**	
Interjektion	mit **Ach** und **Krach**	

AUFGABE **17**

Damit du dir diese Einzelfälle besser einprägen kannst, findest du sie in den folgenden Sätzen wieder. Nutze die Tabelle zum Nachschlagen um diese Aufgabe richtig zu bewältigen.

Gestern habe ich Frau Huber das ___(d/D)u angeboten, weil sie die ___(e/E)inzige in unserem Haus war, die ich noch siezte. Im ___(n/N)achhinein bereue ich meinen Entschluss jedoch, denn sie begann sofort alles ___(m/M)ögliche zu erzählen, was mich nur schwach interessierte. Ich erfuhr sofort die Lebensgeschichten aller Hausbewohner bis ins ___(e/E)inzelne. Die ___(m/M)eisten neigten ihrer Meinung nach entweder zu übermäßigem Alkoholgenuss, ___(v/V)iele seien arbeitsscheu oder vernachlässigten ihre Kinder. Die ___(ü/Ü)brigen putzten ihre Fenster selten und das Treppenhaus nie und der ___(e/E)ine oder ___(a/A)ndere versäume es, am ___(e/E)rsten die Miete zu bezahlen. Jedenfalls gab es nur ___(w/W)eniges, mit dem Frau Huber einverstanden war. Nach einer geschlagenen Stunde konnte ich ihr mit ___(a/A)ch und ___(k/K)rach entkommen. Jetzt stelle ich mich im ___(v/V)oraus darauf ein, dass sie über mich sicherlich auch ___(u/U)nangenehmes verbreiten wird, unter ___(a/A)nderem bestimmt meine Angewohnheit in der Badewanne meine Lieblingssongs von „Nirwana" laut zu singen.

Zugegeben, die Substantivierung von Wortarten ist ein schwieriges Kapitel und diese letzte Übersicht macht die Sache nicht gerade leichter. Etwas Entspannung wäre jetzt nicht schlecht.

Pause

Wenn du in folgendem Text die Anfangsbuchstaben aller großgeschriebenen Wörter aneinander reihst, stößt du auf eine Rechtschreibregel, die dir nun hoffentlich keine Schwierigkeiten mehr bereitet.

selten habe ich mich auf einen urlaub so gefreut wie auf die kommende bergtour: sonst fällt mir das vorhergehende telefonieren und abreisen immer schwer, weil ich mich schlecht auf neues einstellen kann. tollpatschig, wie ich bin, übersehe ich vieles. immer fällt mir erst in venedig oder in istanbul ein, was ich alles vergessen habe: entweder könnte das radio noch laufen oder die unfallversicherung nicht bezahlt worden sein. nun aber habe ich alles erledigt und ich werde mich ganz dem genießen widmen.

__ __ __ __ __ __ __ __ __ __ __ __ __ __ __ __

Anredefürwörter

Sehr geehrtes Fräulein Tausendschön,
mit diesem Schreiben trage ich Ihnen ein Anliegen vor, das mich bereits seit geraumer Zeit beschäftigt. Wie Sie vielleicht schon geahnt haben, waren unsere gemeinsamen Spaziergänge durch Wälder und Auen sowie die Aufwartung, die ich Ihren Eltern machte, nicht ganz ohne Wünsche und Erwartungen. Verzeihen Sie , wenn ich mich nun etwas deutlicher erklären möchte:
Ich finde dich ganz ein einfach spitze, Mädchen! Echt, du bist unheimlich gut drauf. Und es macht mir einfach überhaupt gar nichts aus, wenn deine Eltern und Verwandten mich für einen verrückten Hund halten. Jedenfalls fände ich es einfach super, wenn du heute Abend mit mir ins Tirili gehen würdest.
Okay?
Lass dein Telefon nachher nicht zu lange klingeln, denn ich bin's, der Erwin. Tschau.

AUFGABE 18

a) Betrachte die markierten Wörter im ersten Absatz dieses Briefes genauer. Welche Regel gilt vermutlich für die Großschreibung?

____

b) Auch wenn Erwin im zweiten Teil seines Briefes von seinen Gefühlen überwältigt wurde: Die Rechtschreibung hatte er dennoch im Griff. Welche Regel gilt für die markierten Wörter?

____

Sicherlich hast du die recht überschaubare Regelung für die Schreibung von Anredepronomen nun selbst herausgefunden. Sie lautet:

MERKE

Sie und du

Das Anredepronomen „Sie" und dessen Ableitungen (z.B. „Ihr") werden großgeschrieben.

Die Anredepronomen „du" und „ihr" und deren Ableitungen werden kleingeschrieben.

AUFGABE 19

Leider hat Fräulein Tausendschön Erwins Brief nie zu Gesicht bekommen, weil ihr Vater ihn „abgefangen" hatte und postwendend eine „Mitteilung" schickte. Entscheide dich für die korrekte Groß- und Kleinschreibung in seinem Text.

Sehr geehrter Herr Kühnpieper,

das „Tirili" wird leider ohne ___(i/I)hre Anwesenheit und auch ohne die meiner Tochter heute und in Zukunft auskommen müssen. Was Elvira betrifft, so liegt ___(s/S)ie nicht nur mit einer heftigen Migräne zu Bett, die ___(s/S)ie sich am heutigen Nachmittag zugezogen hat. Ich möchte ___(i/I)hnen auch mitteilen, dass sich meine Tochter nicht in der Lage sieht ___(s/S)ie mit ___(i/I)hrer Gegenwart zu beglücken, da ___(s/S)ie sich in einer anderen Gesellschaft aufhält als vermutlich ___(s/S)ie, Herr Kühnpieper. Um es kurz zu sagen: Mein Mädchen ist für ___(d/D)ich kein „Mädchen", ___(d/D)u sakrischer Hund! Lass es ___(d/D)ir bloß nicht einfallen, ___(s/S)ie noch einmal anzumachen, sonst werden sich ___(d/D)eine Probleme erheblich vermehren, wenn ___(d/D)u mich verstehst.

Ein zorniger Vater

Test

Mithilfe des folgenden Tests kannst du dein bis jetzt erworbenes Wissen überprüfen. Setze den richtigen Anfangsbuchstaben in die Lücke.

___iemals ohne Licht im ___unkeln ___ahren

Eine funktionstüchtige Fahrradbeleuchtung ist ___achts lebenswichtig. Kein Autofahrer würde sich trauen am späten ___bend ohne Licht nach ___ause zu fahren. Aber Hand aufs Herz: Gehörst ___u nicht auch gelegentlich zu den ___ollkühnen, die ___hre Lichtanlage nicht einschalten oder ___ie in einem solch jämmerlichen Zustand belassen, dass ___ie nur teilweise oder gar nicht funktioniert? Die Folge: ___rschreckend viele Unfälle wegen mangelhafter Beleuchtung.

Jedoch: ___as ___ahren ohne Licht ist nichts ___ntschuldbares und alles andere als ein Kavaliersdelikt. Wer schon nicht an andere ___etroffene denkt, sollte zumindest das eigene ___ohl im Auge haben. Auch abruptes ___remsen hat oft nichts daran geändert, dass das ___eben von mehreren Menschen von ___eute auf ___orgen zerstört wurde. Die Automobilklubs haben daher Licht und ___euchten geprüft und geben Tipps für das ___mrüsten der Lichtmaschinen:

„Auch für einen technisch ___nbegabten ist die Kontrolle der Lichtanlage nichts allzu ___roblematisches: ___rüfen ___ie, ob der Dynamo richtig am Rad sitzt; ___auschen ___ie dann defekte Laufrollen, vor allem die ___bgenutzten, aus. Vergewissern ___ie sich, dass alle Kabel einwandfrei verlegt sind."

Dass eine solche Überprüfung das ___eben retten kann, das beweisen die folgenden Zahlen: ___on den getöteten Radfahrern im Jahre 1992 waren es 22 Prozent, die im ___unkeln verunglückten, von den ___chwer verletzten 17 Prozent.

Bewertung:
0–1 Fehler: Prima! Du kannst zufrieden sein.
2–3 Fehler: Na ja! Denke noch einmal genau nach!
ab 4 Fehler: Hoppla! Wiederhole die betreffende Regel nochmals!

Getrennt- und Zusammenschreibung – „Lieber Rad fahren als bergsteigen"

1. Die Kennzeichnung dieser Wanderwege ist irgendwie mangelhaft.
2. Es wäre gut, wenn jeder Weg eine eigene Kennnummer hätte.
3. Wie viel leichter könnte man dann die Gegend kennen lernen.

AUFGABE 1

a) Betrachte die markierten Wörter im 1. Satz. Was haben sie gemeinsam?

____

b) Welche Besonderheit hat das markierte Wort im 2. Satz?

____

c) Was fällt dir bei der Schreibweise der markierten Wörter im 3. Satz auf?

____

Du hast es bei den Beispielsätzen vielleicht schon gemerkt: Es ist nicht immer leicht, zwischen zusammengeschriebenen Wortzusammensetzungen und getrennt geschriebenen Wortgruppen zu unterscheiden. Bei den folgenden Aufgaben wirst du auf einige Hilfen aufmerksam gemacht, die dir die Entscheidung erleichtern und das Nachschlagen ersparen sollen. Als Grundsatz kannst du dir jedoch jetzt schon einmal merken:

MERKE

Die Getrenntschreibung von Wortgruppen ist der Normalfall.

Getrenntschreibung

Wortgruppen mit zwei Verben

MERKE

Verb/Partizip + Verb

Treffen zwei Verben aufeinander, werden sie getrennt geschrieben:
Beispiele: kennen lernen, sitzen bleiben, getrennt schreiben

AUFGABE 2

Die Mutter von Thomas ist ärgerlich, weil er das Klassenziel vielleicht nicht erreicht. Sie hält ihm eine Strafpredigt, aber bringt in ihrem Zorn einige Wörter durcheinander.
Schreibe die richtigen Wortgruppen, bei denen **zwei Verben nebeneinander** stehen, noch einmal in der Infinitivform auf.

a) „Es sieht ganz so aus, dass du in diesem Jahre sitzen lässt!" ______________________

b) „Das wundert mich gar nicht, weil du ständig deine Arbeiten liegen gehst." ______________________

c) „Außerdem passt es mir nicht, wenn du stundenlang spazieren bleibst." ______________________

d) „Überhaupt finde ich, dass du dich fürchterlich gehen lernst!" ______________________

e) „Das eine kann ich dir sagen, wenn du durchfällst, wirst du mich noch kennen lassen." ______________________

AUFGABE 3

Auch wenn ein **Partizip und ein Verb beieinander stehen**, schreibt man getrennt. Ergänze die folgenden Sätze mithilfe von „getrennt schreiben", „verloren gehen", „gestohlen werden", „geschenkt bekommen", „gefangen nehmen".

a) Zu meinem Geburtstag werde ich ein neues Fahrrad ______________________

______________________.

b) Meine letzten vier Fahrräder sind allesamt ______________________.

c) Vermutlich sind sie ______________________________________.

d) Man sollte Fahrraddiebe wirklich ______________________________

e) All diese Wörter muss man ______________________________.

Wortgruppen aus Adjektiv/Adverb + Verb

MERKE

Adjektiv/Adverb + Verb

Wenn ein **Adjektiv und ein Verb zusammentreffen,** schreibt man dann getrennt, wenn man das Adjektiv steigern oder durch „sehr" bzw. „ganz" erweitern kann.

Beispiele: nahe bringen, lästig fallen, laut reden, gut verstehen, bekannt machen, schwer fallen, leicht nehmen, zufrieden geben, genau nehmen

AUFGABE **4**

Überprüfe, ob du die Wortgruppen im Merkkasten steigern kannst.

AUFGABE **5**

Thomas hat sich die Strafpredigt seiner Mutter aus Aufgabe 2 zunächst schweigend angehört. Als er allein ist, schreibt er ihr die folgenden Zeilen. Füge die obigen Wortgruppen so ein, dass sich sinnvolle Sätze ergeben:

Liebe Mutti,

Du musst mit mir nicht so _________ ____________, ich kann dich eigentlich _______ __________________. Ich würde dir gerne Folgendes _________ _______________ und dich mit meinen Problemen _______________ ____________ . Es stimmt nicht, dass mir die Hausaufgaben ____________ ____________. Und deine Vorwürfe kann ich auch nicht ____________ ______________. Du musst verstehen, dass manchen Menschen das Lernen ______________ ___________. Aber ich will mich damit gar nicht ___________________ ____________. In Zukunft werde ich meine Arbeiten sehr ____________ ______________.

AUFGABE 6

Die folgenden getrennt geschriebenen Wortgruppen, bei denen ein **Adverb und ein Verb** zusammengehören, passen so nicht zusammen.
Ordne sie richtig zu.

abhanden	bringen	____________	____________
abseits	nehmen	____________	____________
abwärts	blicken	____________	____________
aufwärts	kommen	____________	____________
auseinander	legen	____________	____________
beiseite	machen	____________	____________
durcheinander	gehen	____________	____________
überhand	streben	____________	____________
vorwärts	gehen	____________	____________
zugute	stehen	____________	____________
zunichte	kommen	____________	____________

Wortgruppen aus Substantiv + Verb

MERKE

Substantiv + Verb

Wortgruppen aus Substantiv + Verb werden getrennt geschrieben.
Beispiel: Auto fahren, Rad fahren

AUFGABE 7

Füge die folgenden Verben sinnvoll ein; manche Verben kannst du mehrfach benutzen.

laufen, tanzen, fahren, stehen, schieben, spielen

a) Freizeitbeschäftigungen

Auto ____________	Ski ____________	Rad ____________
Eis ____________	Walzer ____________	Kopf ____________
Karten ____________	Kegel ____________	

b) Was man alles vermeiden sollte

Füge sinnvoll ein: fangen, gehen, haben, tragen, stehen, leiden

Angst ____________ Feuer ____________ Not ________________

Pleite ____________ Schuld ____________ Schlange ____________

c) Was man nicht vermeiden sollte

Füge sinnvoll ein: tun, suchen, halten, halten

Diät __________ Maß __________ Rat __________ Leid _____

Getrenntschreibung bei Steigerung und Erweiterung

MERKE

Getrenntschreibung bei Steigerung und Erweiterung

Bei vielen Wortgruppen wird ein Adjektiv durch ein anderes Adjektiv oder durch ein Partizip ergänzt. Wenn man dieses steigern kann oder die Steigerung durch „sehr“ bzw. „ganz“ ausdrücken kann, schreibt man getrennt.

Beispiel: wild lebend, leicht verdaulich, dicht behaart, schwach bevölkert, ernst gemeint, dicht bewachsen

AUFGABE **8**

Steigere oder erweitere die Beispiele des Merkkastens. Verwende diese Wortgruppen in der nächsten Aufgabe.

AUFGABE **9**

a) In den __________ ____________________ Gebieten Russlands leben zahlreiche ________ ______________ Tiere.

b) Es gibt ________ ______________ Vorschläge, auch ausgerottete Tiere wie den Bären und den Luchs wieder in den ________ ______________________ Wäldern Mitteleuropas anzusiedeln.

c) Das ________ ______________ Fell dieser Tiere war früher ein Grund sie zu jagen, bei anderen das schmackhafte und dennoch ___________ ____________________ Fleisch.

MERKE

Fragewörter mit wie

Die Fragewörter mit **wie** werden getrennt geschrieben.
Beispiele: wie viel, wie viele

AUFGABE **10**

Bei einem Interview wurden die folgenden Fragen gestellt.
Ergänze die Fragewörter mithilfe von

viel oft sehr weit lange viele

________ ____________ ist dein Schulweg?

________ ____________ fehlst du durchschnittlich im Jahr?

________ ____________ wirst du noch zur Schule gehen?

________ ____________ Lehrer unterrichten in deiner Klasse?

________ ____________ sehnst du dich nach den Ferien?

________ ____________ Geld gibst du für Schreibwaren aus?

Nun hast du dich so lange mit getrennt geschriebenen Wörtern beschäftigt, dass eine Pause angesagt ist.

Pause

Sicherlich kennst du das Dominospiel, bei dem die zweigeteilten Spielsteine so aneinander gereiht werden müssen, dass Felder mit der gleichen Punktzahl nebeneinander liegen.

Bei dem folgenden Wörterdomino sollst du die abgebildeten Spielsteine in einem Kreis so anordnen, dass sinnvolle Wortgruppen entstehen.

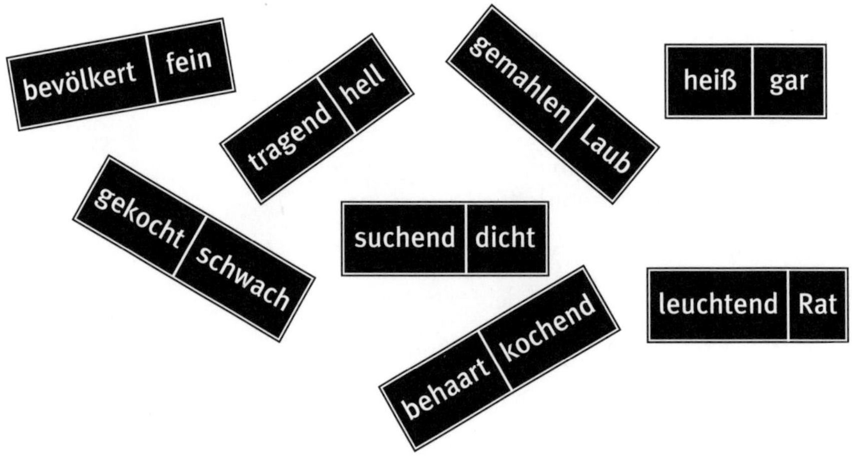

Auch in der Pause ging es um getrennt geschriebene Wörter. Aber welche Wörter werden eigentlich zusammengeschrieben? Wir kommen also nun zum zweiten Abschnitt dieses Kapitels.

Zusammenschreibung

Natürlich ist dir klar, dass zusammengesetzte Wörter wie zum Beispiel „Haustür“ oder „aufschließen“ in einem einzigen Wort erscheinen. Aber wie kann man eine solche Wortzusammmensetzung von getrennt geschriebenen Wortgruppen unterscheiden? Der folgende Abschnitt soll dir ein paar Hilfestellungen anbieten.

Zusammengesetzte Verben

Du hast im vorhergehenden Abschnitt gelernt, dass man getrennt schreibt, wenn ein Adjektiv in einer eng zusammengehörenden Wortgruppe gesteigert werden kann. Wenn dies nicht der Fall ist, handelt es sich um ein zusammengesetztes, also auch zusammengeschriebenes Wort.

MERKE

Nicht steigerbare Zusammensetzungen

Ist in einer Zusammensetzung aus Adjektiv oder Adverb + Verb der erste Teil weder erweiter- noch steigerbar, so schreibt man zusammen. Die Negation „nicht" ist keine Erweiterung.

Beispiele: bereithalten, bloßstellen

AUFGABE **11**

Bei den folgenden Beispielen allerdings sind die Wörter falsch zusammengesetzt worden. Trage sie in ihrer richtigen Erscheinungsweise ein.

fernsetzen, bloßschreiben, gutstellen, schwarzstellen, freirechnen, festschlagen, wahrsteuern, bereitsehen, festarbeiten, hochsprechen, totnehmen, fernsagen

a) Kinder sollten nicht zu lange und zu oft ____________________.

b) Ich würde ihn wegen seiner Fehler nicht ____________________.

c) Könnten Sie mir diesen Betrag ____________________?

d) Wer ____________________, schädigt die Sozialkassen.

e) Der Richter wird sie möglicherweise ____________________.

f) Wir sollten endlich einen Termin ____________________.

g) Auch ich kann nicht in die Zukunft sehen und ____________________.

h) Könntest du mir die Geräte ____________________?

i) Hoffentlich wird man die Verbrecher demnächst ____________________.

k) Bei einer Wahl kann man das Ergebnis oft ____________________.

l) Ich werde die Wartezeit schon irgendwie ____________________.

m) Man sollte Jugendlichen die Freiheit geben und nicht immer versuchen sie ____________________.

MERKE

Zusammenschreibung: Der erste Bestandteil ist kein eigenständiges Wort

Kommt der erste Bestandteil einer Zusammensetzung als eigenständiges Wort nicht vor, wird zusammengeschrieben.

Beispiele: kundtun, fehlgehen

AUFGABE **12**

Bei manchen Verben kommt der erste Wortbestandteil überhaupt nicht als eigenständiges Wort vor: ein klarer Fall von Zusammenschreibung.
Ergänze die Wortbestandteile „fehl-", „kund-" „weis-" und „feil-" (Mehrfachnennungen möglich).

____________________ gehen	____________________ schlagen
____________________ geben	____________________ tun
____________________ machen	____________________ bieten

AUFGABE **13**

Ein Substantiv ist zwar eine recht wichtige Wortart, in manchen Zusammensetzungen mit Verben hat es seine ursprüngliche Bedeutsamkeit jedoch so weit gehend verloren, dass es seine Eigenständigkeit eingebüßt und mit dem Verb zu einem einzigen Wort verschmolzen ist. Jeweils ein Wort aus der Wortgruppe a) bildet mit einem Verb aus der Wortgruppe b) eine Wortzusammensetzung. Welche Teilwörter gehören zusammen? Schreibe sie in dein Heft und merke sie dir als zusammengeschriebene Verben.

a) haus, preis, maß, hand, schlaf, schluss, heim, stand, statt, seil, berg, teil, kopf

b) finden, folgern, geben, haben, halten, halten, kehren, nehmen, rechnen, regeln, steigen, tanzen, wandeln

AUFGABE **14**

Auch im folgenden Fall wird zusammengeschrieben. Verben können mit den angegebenen **vorangesetzten** Partikeln ein zusammengesetztes Wort bilden, z.B. dabeibleiben, dabeisitzen, dabeistehen. Suche jeweils drei Beispiele, vermeide jedoch „sein".

dabei, davon, drauflos, empor, entgegen, gegenüber, herab, hinauf, los, voran, vorbei, weiter, zurecht, zurück, zusammen

Zusammengesetzte Adjektive

MERKE

Zusammengesetzte Adjektive

Natürlich können auch zwei Adjektive zu einem zusammengesetzten Wort verbunden werden. Das kommt zum Beispiel dann vor, wenn der erste Bestandteil die Bedeutung des Adjektivs verstärkt oder vermindert. Beispiel: bitterböse

AUFGABE **15**

Ergänze die folgenden Adjektive durch die Wortbestandteile

tod, gemein, bitter, lau, stock

a) Der Besitzer des gestohlenen Autos war nicht nur böse, er war

____________________.

b) Der Verbrecher war nicht nur gefährlich, er war

___________________________________.

c) Das Badewasser war nicht nur mäßig warm, es war __________________.

d) Dieser Mensch ist nicht nur dumm, er ist ______________________.

e) Es ist mir nicht nur ernst, es ist mir __________________.

AUFGABE **16**

Oft werden zwei Adjektive zusammengesetzt, wenn eine genauere Bestimmung einer Eigenschaft ausgedrückt werden soll.

a) Die Farbe war weder richtig grau noch blau, sie war __________________.

b) Er ist nicht nur dumm, sondern auch dreist, er ist ____________________.

c) Das Wetter war feucht, aber trotzdem warm, es war __________________.

d) Diese Frau ist taub und auch stumm, sie ist ________________________.

Zusammengesetzte Substantive mit Dreifachkonsonanten

MERKE

Zusammengesetzte Substantive

Entsteht aus zwei Substantiven ein neues, schreibt man zusammen:
Beispiel: Hausboot

Treffen dabei drei gleiche Konsonanten aufeinander, bleiben alle drei erhalten:
Beispiel: Schifffahrt

AUFGABE 17

Setze die folgenden Teilwörter sinnvoll zusammen.

Brennfetzen, Seetuch, Kontrollpapier, Flusstänzer, Kennlappen, Schiffplakat, Kreppliste, Bettelefant, Flanellnummer, Pappfahrt, Stoffnessel, Ballettsand

Pronomen und Konjunktionen

AUFGABE 18

Mit welchem Wortstamm bilden die folgenden Teilwörter eine zusammengeschriebene Wortzusammensetzung?

-wie, -wann, -einer, -wo, -wer, -etwas, -woher, -jemand
Ergänze den folgenden Satz:

______________wann wird ______________jemand von ______________ woher kommen und uns ______________etwas Wichtiges fragen und dann wäre es gut, wenn ______________wer ______________wie antworten könnte.

MERKE

Zusammensetzungen mit irgend-

Zusammensetzungen mit **irgend-** werden immer zusammengeschrieben
Beispiele: irgendwie, irgendwer

AUFGABE 19

Die folgenden Wortzusammensetzungen und Wortgruppen sind zwar gleich lautend, haben jedoch unterschiedliche grammatische Funktionen.

Wir unterscheiden zusammengeschriebene Konjunktionen von	gleich lautenden Wortgruppen
sooft, solange, soviel, nachdem, indem	**so oft, so lange, so viel, nach dem, in dem**
a) _________ ich weiß, ist er reich.	Er hat ___ _________ Geld, dass er nicht weiß, wohin damit.
b) ______________ das Gewitter vorbei war, gingen wir weg.	_________ _________ Gewitter gingen wir weg.
c) ___________ du den Schlüssel drehst, öffnest du die Tür.	Du kannst sie nur öffnen, wenn der Schlüssel ___ _________ Schloss steckt.
d) ______________ du weißt, was du tust, ist alles in Ordnung.	Du solltest jedoch niemanden ___ ___________ warten lassen.
e) _________ ich bei ihm anrufe, ist das Telefon besetzt.	Ich habe es nun schon ___ ______ vergeblich versucht, ihn zu erreichen.

Zusammenschreibung oder Bindestrich?

Du hast es vielleicht schon in Aufgabe 17 gemerkt: Ein Wort mit drei aufeinander folgenden Vokalen oder Konsonanten sieht etwas unübersichtlich aus. Deswegen kannst du in manchen Fällen frei entscheiden, ob du mithilfe eines Bindestrichs Missverständnisse vermeidest oder ein Wort leichter verständlich gestaltest.

AUFGABE 20

Setze sinnvolle Bindestriche; achte auf die Groß- und Kleinschreibung.

a) Hawaiiinseln, Schrotttransport, Schifffrachtregister

b) Druckerzeugnis, Musikerleben

c) Ultraschalluntersuchungstermin, Haushaltsmehrzweckgerät, Lottoannahmestelle

In anderen Fällen wird die Setzung eines Bindestrichs nicht deiner freien Entscheidung überlassen, sondern von den Rechtschreibregeln gefordert. Das gilt vor allem dann, wenn Begriffe mit Abkürzungen oder einzelnen Buchstaben bzw. Zahlen verbunden werden.

MERKE

Bindestrich

Man setzt einen Bindestrich in Zusammensetzungen mit Einzelbuchstaben, Abkürzungen oder Ziffern.
Beispiele: i-Punkt, Kfz-Schlosser, 5-mal, 17-jährig

AUFGABE **21**

Setze die folgenden Wortbestandteile mithilfe eines Bindestrichs zusammen:

A Dur	______________	x mal	______________
dpa Meldung	______________	km Bereich	______________
3 Tonner	______________	25 jährig	______________

AUFGABE **22**

Vor allem wenn Redewendungen als Substantive gebraucht werden, ist ein Bindestrich für das Verständnis unbedingt nötig. Achte auf die korrekte Groß- und Kleinschreibung.

a) Du solltest nichts auf die lange Bank schieben, das ______-______-________-________-____________ ist eigentlich immer ein Fehler.

b) Sie will sowohl Geld sparen als auch in den Urlaub fahren, dieses ___________-______-_________ wird vermutlich nichts bringen.

c) Er lebt von der Hand in den Mund, aber das ____-____-_________-____-________-___________-___________ kann nicht mehr lange gut gehen.

Getrennt- und Zusammenschreibung bei Straßennamen

Für die Schreibung von Straßennamen gelten folgende Regeln:

MERKE

Schreibung von Straßennamen

Getrennt geschrieben werden Straßennamen
– mit gebeugten Adjektiven oder Eigennamen
Beispiele: Lange Gasse, Aachener Landstraße, Berliner Ring
– die aus mehreren Wörtern bestehen
Beispiele: An der Langen Kante, Am Hohen Ufer
(Dabei werden das erste Wort und Adjektive großgeschrieben.)

Zusammengeschrieben werden Straßennamen
mit ungebeugten Adjektiven, Namen oder auch Berufsbezeichungen
Beispiele: Kurzgasse, Mozartstraße, Schlosserweg

Mit **Bindestrich** schreibt man Straßenbezeichnungen
mit mehrteiligen Namen
Beispiele: Heinrich-von Kleist-Straße, Professor-Wiesner-Weg, Geschwister-Scholl-Platz

AUFGABE 23

a) Ergänze die Bezeichnung „Straße“:

Elsässer, Schiller, Bäcker, Wiener, Regensburger, Johann Wolfgang von Goethe, Fürst Pückler, Altmark, schön, breite

b) Bilde Straßennamen:

an den zwei Eichen, unter den Linden, am letzten Hieb

In dem nun folgenden Test kannst du überprüfen, ob du jetzt alle Regeln verstanden hast. Schreibe den Bandwurmtext mit den nötigen Wortzwischenräumen oder auch Bindestrichen ab.

Test

WolltestdunichtgesternvorbeikommenundmitmirRadfahrenoderspazieren gehen?Ichhabeesdirwirklichübelgenommen,dassdumichnunschonzumxten MaleeinfachsoalleinlässtundhabedenganzenNachmittagnurferngesehen.Ich weißnicht,wievielZeitduheutehast,aberirgendwannsolltestdubeimirHalt machenundandeinenVersprechungenfesthaltenWirkönnenjaauchEislaufen gehenoderandemTreffenteilnehmen,dasimJugendzentruminderFriedrichEbert Alleestattfindet.WennwirfrühgenugheimgehenodermitdemAutofahrenhaben-wirvielleichtauchnochZeit,dassdumeineElternkennenlernst,dennsielegensehr großenWertdaraufdassichdichmitihnenbekanntmache.Ichhabeesjedenfallsmit direrstgemeintundhoffe,dassdeinindenTagHineinträumenendlicheinEndehat.

Bewertung:
0–1 Fehler: Sehr gut
2–3 Fehler: Schreibe die Fehlerwörter noch einmal richtig auf.
ab 4 Fehler: Überprüfe, ob du das Kapitel gründlich durchgearbeitet hast.

Lang gesprochene Vokale – „Zahme Killerwale und rare Flussaale"

1. Es ist schon lange her, dass die Bayern eine so verheerende Niederlage einstecken mussten.
2. Schon wieder bieten sie ihren Gegnern einfach zu wenig Widerstand.
3. Ob es ihnen eine Lehre sein wird, dass sie in dieser Saison absolut leer ausgehen werden?

AUFGABE 1

a) Sprich die markierten Wörter laut aus. Welche Gemeinsamkeiten kannst du bei allen feststellen?

___

b) Wie unterscheidet sich die Schreibweise der Laute in den markierten Wörtern eines jeden Satzes?

___

Vielleicht würdest auch du zahlreiche Rechtschreibfehler vermeiden, wenn man im Deutschen alle Laute, die gleich gesprochen werden, auch gleich schreiben würde.

Das könnte beispielsweise so aussehen:

„Vergiss, was waar; im nächsten Jaar sind wir ein Paar."

oder

„Ich will nicht mer ans Mittelmer, dort gibt es immer noch viel Ter."

oder

Der arme Tohr!
Er saß ganz dicht beim Ofenrohr
und frohr.

Die Laute der Reimwörter in diesen Minigedichten klingen jeweils völlig gleich; wenn du ihre Schreibweise jedoch betrachtest, kannst du erkennen, dass einiges nicht stimmt.

AUFGABE 2

Schreibe die Minigedichte noch einmal richtig ab.

In diesem Kapitel geht es also um die lang ausgesprochenen (gedehnten) Laute, die, wie du weißt, auf unterschiedliche Art und Weise geschrieben werden. Dass die Dehnung in dem einen Wort mithilfe von Doppellauten oder bei einem anderen Wort durch das Dehnungs-h oder auch nur durch den einfachen Vokal ausgedrückt werden kann, liegt daran, dass Sprachen lebendige Gebilde sind. Jedes Wort hat seine Geschichte sowie seine Familie und daher auch sein eigenes „Gesicht". Wer Rechtschreibfehler bei gleich klingenden Lauten vermeiden will, kann sich daher kaum an Regeln halten, sondern sollte sich das „Gesicht" eines Wortes, also das Wortbild einprägen.
Aus diesem Grund solltest du bei den Aufgaben zu den folgenden Wortgruppen die einzelnen Wörter wirklich abschreiben, weil du dir dann die Schreibweise besser einprägen kannst.

a – e – i – o – u – ä – ö – ü

MERKE

lang gesprochene Vokale

Die lang ausgesprochenen Vokale und Umlaute können ohne Ergänzung a, e, i, o, u, ä, ö, ü geschrieben werden.
Beispiele: Wal, reden, Tribüne, Tor

AUFGABE 3

Präge dir die folgenden Wörter ein: Schreibe sie ab und füge dabei **einfache Vokale** und **Umlaute** ein; bei den Wörtern mit einer (2) gibt es mehrere Lösungen.

T-r (2), M-l, geh-ren, r-den (2), R-de, b-ten (2), L-s, L-tse, verl-ren,W-l, Sch-l, Sch-r (2), -rsache, Schn-r, s-lig, s-en, emp-ren, Geschw-re, S-le, pers-nlich, K-r, Trib-ne, -se

AUFGABE 4

Die folgenden Wörter werden ebenfalls nur mit einem einfachen Vokal oder Doppellaut geschrieben. Ergänze die fehlenden Buchstaben.

a) Der Kakad___, das Em___, das Gn___ und das Kängur___ sind Tiere, die wir nur im Zoo bewundern können.

b) Sei nicht dumm, sondern schl____, lieber sanftmütig als r____, geh' zur Schule und mach nicht bl____!

Doppelvokale aa – ee – oo

MERKE

Doppelvokale

Die lang ausgesprochenen Vokale a, e, o können als „Zwillinge“ geschrieben werden: aa; ee, oo
Beispiele: Saat, Meer, Boot

AUFGABE 5

Präge dir die folgenden Wörter ein: Bilde eine Tabelle nach dem folgenden Muster und ordne die Wörter mit den Zwillingsvokalen ein. Bei einem Wort gibt es zwei Möglichkeiten.

aa	ee	oo

S___l, ausb___ten, B___t (2), t___ren, entl___ren, w___grecht, Kl___blatt, M___s, st___tlich, ___l, M___rrettich, S___le, S___t, Lorb___r, ___s, R___der, B___ren, All___, Id___

Dehnungs-h

MERKE

Dehnungs-h

Die lang ausgesprochenen Vokale a, e, o, u, ä, ö, ü können durch ein Dehnungs-h ergänzt werden: ah, eh, oh, uh, äh, öh, üh
Beispiele: Sahne, Bohne, Fehde

AUFGABE

6 Präge dir die folgenden Wörter ein: Schreibe sie richtig ab und füge das Dehnungs-h ein. Bei manchen Wörtern gibt es mehrere Lösungen.

K___le (4), R___re, Empf___lung, M___l (2), B___ne (2), F___de, F___re (2), f___l, St___l (2), F___len, st___nen, l___nen (2), ___rzeit, F___n, st___len (2), Nachn___me, L___rer, f___len (2), r___men (2), s___nen (2), L___n

ie – ieh

MERKE

ie oder ieh

Das lang ausgesprochene **i** schreibt man auch **ie** oder **ieh**
Beispiele: verlieren, sieht

AUFGABE

7 Schreibe die Wörter in der hier vorgegebenen Reihenfolge ab und entscheide dich: ie oder ieh?

verl___ren, s___ s___t, Tr___b, St___l, er st___lt, R___men, sie l___st, sich vert___fen, erg___big, sie empf___lt, kap___ren, er verm___d, M___te, s___!, wir f___len um, ras___ren, r___sig, Fl___sen, funktion___ren, er l___

AUFGABE 8

Diese Aufgaben waren leicht, weil dir die Schreibweise der unterschiedlichen Wortgruppen vorgegeben war. Vermutlich ist dir jedoch das eine oder andere Wort aufgefallen, das du unter Umständen falsch geschrieben hättest. Trage diese möglichen Fehlerwörter richtig in die Merkwörtertabelle ein.

Meine Merkwörter

____

____

____

____

AUFGABE 9

Bei dieser Aufgabe kommt es darauf an, dass du die Wörter, die du auch hier abschreiben sollst, genau mit der Lösung vergleichst, da alle Dehnungsarten nun gemischt auftreten.

l___s, bl___s, erg___big, Geb___r, h___len, Kl___ma, l___dern (2), M___t (2), M___te, Mark___rung, M___re, Qu___l, er s___t (2), s___lisch, sch___nen (3), st___ren (2), t___nen, t___sen, schn___ren, Tr___sen, Str___m, vers___nen, w___ren (3), sie verz___

AUFGABE 10

Hast du alle Wörter richtig geschrieben? Falls sich doch der eine oder andere Fehler bei der 9. Aufgabe eingeschlichen hat, solltest du das entsprechende Wort noch einmal richtig in die Merkwörtertabelle eintragen.

Meine Merkwörter

____

____

____

____

Pause

Nun hast du dich mit zahlreichen Wörtern beschäftigt, die man vorgegeben hat. Wie wäre es, wenn du dir nun deine eigenen Wörter „bastelst"?
Aus den folgenden Buchstabengruppen kannst du jeweils mindestens vier unterschiedliche Wörter bilden, die alle eine Dehnung, also einen lang gesprochenen Vokal, enthalten. Hier findest du deine Bausteine noch einmal vor: Denke daran, dass du alle Wortarten und alle Fälle verwenden kannst.

a	aa	ah	e	ee	eh	o	oo	oh	u
uh	i	ie	ieh	ä	äh	ö	öh	ü	üh

1. b.n.e ____________ ____________ ____________ ____________
2. st.l.e.n ____________ ____________ ____________ ____________
3. s.l.e ____________ ____________ ____________ ____________
4. f.l.e.n ____________ ____________ ____________ ____________
5. n.m.e.n ____________ ____________ ____________ ____________
6. M.s ____________ ____________ ____________ ____________
7. b.t ____________ ____________ ____________ ____________
8. r.t.e.n ____________ ____________ ____________ ____________

AUFGABE
11

Wolfgang hat keinen leichten Beruf: Er ist der Verfasser von Gelegenheitsgedichten. Damit er bei einem schnellen Glückwunsch oder bei Hochzeitsgedichten nicht allzu lange nach Reimen suchen muss, hat er sich eine Liste von Reimwörtern angelegt.
Ergänze die Reimwörter und achte dabei auf die Rechtschreibung:

Lohn	Staat	Lied	Uhr
____	____	____	____
____	____	____	____
____	____	____	____
____	____	____	____
____	____	____	____
____	____	____	____
____	____	____	____

Rahm	Brot	Rosen	Rasen

AUFGABE 12

Zu besonders hinterhältigen Wortgruppen, die auch so manchen Rechtschreibkünstler in Fallen locken, gehören die Wortverbindungen mit den Bestandteilen „wieder“ und „wider“. Sicherlich weißt du, dass die Grundbedeutung von „wieder“ mit „noch einmal“ übersetzt werden kann und die von „wider“ mit „entgegen“ oder „gegen“. Aber kannst du auch die folgenden Wörter richtig schreiben? Trage sie richtig ein.

-holen, -streben, -vorlage, -spenstig, -stand, -kommen, -kehren, -um, zu-

an-n, er-n, -aufbau, -spiegeln, -wahl, -hall, -worte, -ruf, -haken, -käuen

wieder: im Sinne von noch einmal

wider: im Sinne von gegen, entgegen

AUFGABE

13 Du kannst dich wirklich beglückwünschen, wenn du bei Aufgabe 10 alle Wörter richtig geschrieben hast. Aber falls dir Fehler unterlaufen sind, brauchst du dich nicht zu grämen, die „wider"-Wörter sind wirklich „Widerwörter", die nur durch Wiederholung weniger widerspenstig sind. Trage also die schwierigsten in die Merkwörtertabelle ein.

Meine Merkwörter

____

____

Test

In den folgenden Sätzen kommen Wortpaare vor, bei denen man die Schreibweise leicht verwechseln kann. Pass also gut auf und erinnere dich an das, was du auf den letzten Seiten geübt hast.

1. Sie ist s___lig, weil sie in Deutsch eine Zwei geschrieben hat. Nun geht es ihr s___lisch viel besser.
2. Bei der Aufn___me in einen Verein musst du N___me und Adresse angeben.
3. Er g___bt zwar mit seiner Arbeit an, besonder erg___big finde ich seine Leistungen aber nicht.
4. Schau bloß nich h___r, ich habe gerade eine verh___rende Katastrophe angerichtet.
5. Das Publikum saß im Regen auf der Trib___ne, während die Schauspieler auf der Freilichtb___ne tapfer weiterspielten.
6. Er ist schon recht hinfällig und s___t und h___rt schlecht.
7. Es w___derstrebt mir, mich noch einmal einer W___derwahl zu stellen.
8. Wir geben für diese Gew___re eine Haltbarkeitsgew___r.
9. Für das schöne Segelb___t b___t er mir zu wenig Geld.
10. Wir r___deten den Wald und s___ten anschließend Getreide.

Bewertung:

0 Fehler:	Gut, du kannst das Kapitel „abhaken“.
1–2 Fehler:	Nicht schlecht; präge dir die richtige Schreibweise der fehlerhaften Wörter noch einmal ein.
3–4 Fehler:	Das hat nicht so richtig geklappt. Schreibe die Fehlerwörter noch einmal richtig in die Merkwörtertabelle.
mehr als 5 Fehler:	Vielleicht solltest du das Kapitel wiederholen. Tipp: Lass dir einzelne Wörter aus den Aufgaben diktieren und vergleiche sie mit den Lösungen.

Meine Merkwörter

Gleich und ähnlich klingende Vokale – „Lieber Blödeleien als blöde Laien“

1. Eine Meute von enttäuschten Bräuten heulte.
2. Behände Hände wendeten emsig die Bänder.
3. Die reizende Kaiserin war nun eine weinende Waise.

AUFGABE 1

a) Betrachte die markierten Vokale und Doppelvokale in den Sätzen 1–3. Was lässt sich über ihre Aussprache sagen?

____

b) Mit welchen Hilfsmitteln kann man auch bei gleich lautenden Vokalen und Doppellauten die richtige Rechtschreibung in vielen Fällen herausfinden?

____

MERKE

Das Stammprinzip

Das Stammprinzip verfolgt das Ziel möglichst in allen Wörtern einer Wortfamilie die gleiche Schreibung zu verwenden. Lediglich die Vokale „a“, „o“, „u“ werden bei manchen Wörtern zu „ä“, „ö“, „ü“.
Beispiel: das Grauen, die Gräueltaten, gräulich

e – ä

AUFGABE 2

Ordne den folgenden Begriffe Wörter aus ihrer Wortfamilie zu und trage die Wörter richtig geschrieben ein.

B___nder, h___ngen, F___hre, St___ngel, Verh___ngnis, L___mmer,

verst___ndlich, B___ndel, f___rben, bel___mmert, aush___ndigen,

verst___ndigen, gef___rbt, St___ngchen, beh___nde, Gef___hrte

Hand		
Lamm		
Stange		
Band		
Hang		
Farbe		
fahren		
Verstand		

AUFGABE 3

a) Welche Adjektive mit „ä“ gehören zu Überschwang, Aufwand, Verlass, Namen?

b) Welche Verben mit „ä“ gehören zu Drang, anders, Saat, Naht?

c) Welche Verkleinerungsformen mit „ä“ gehören zu Quantum, Paket?

d) Welche Pluralformen mit „ä“ gehören zu Saal, Span, Pfahl, Kran?

AUFGABE 4

Hast du wirklich alle Wörter in den vergangenen Übungen richtig geschrieben? Trage die Fehlerwörter wieder in die nächste Merkwörtertabelle ein.

Meine Merkwörter

____

____

____

____

ei – ai – ay

Da diese drei Laute ebenfalls gleich gesprochen werden, schleichen sich gelegentlich Fehler bei der Schreibweise ein. Am besten ist es, wenn du dir die nicht so häufigen Wörter mit „ai" bzw. „ay" einprägst.

AUFGABE 5

Welche Wörter mit „ai" verbergen sich hinter den folgenden Definitionen?

a) Raubfisch __ai

b) Bootsanlegeplatz __ai

c) Bucht __ai

d) kleiner Wald __ai__

e) Feldfrucht __ai__

f) Unwissender __ai__

g) Froscheier __ai__ __

h) Herrscher __ai__ __ __

AUFGABE 6

Ergänze „ai" bei den folgenden Fremdwörtern und schreibe sie noch einmal richtig auf.

Det____l, Jam____ca, Lak____, M____land, T____fun, Em____lle/Em____l, B____sse, f____r

AUFGABE 7

Lies den folgenden Text durch und ergänze dann die fehlenden Laute.

Ein bisschen Geographie

B____reuth liegt im Bundesland B____ern. Der B____erische Wald ist ein Gebirge im Osten des Landes. In diesem Bundesland leben etwa 12 Millionen B____ern. Den Dialekt in dieser Region bezeichnet man als die b____rische Mundart. Aber das Adjektiv wird nur in diesem Fall mit „ai“ geschrieben, alle anderen Wörter wie die b____rischen Schulen, die b____rische Hauptstadt und die b____rische Bevölkerung schreibt man mit „ay“. Eine weitere Besonderheit gibt es noch: Alle Institutionen oder Ortsbezeichnungen mit einem Eigennamen wie die „B____erische Staatsregierung“ oder der „B____erische Rundfunk“ erhalten als Zeichen ihrer Einzigartigkeit noch ein zusätzliches „e“ nach dem „ay“.

AUFGABE 8

Nicht verwechseln: „ei“ oder „ai“?

Einen L____b Brot für meinen hungrigen L____b, bitte!

Auf dieser S____te der Gitarre gibt es keine S____ten.

Das W____senhaus wird in vorbildlicher W____se geführt.

AUFGABE 9

Hast du alle Wörter in den vergangenen Übungen richtig geschrieben?
Trage die Fehlerwörter wieder in deine Merkwörtertabelle ein.

Meine Merkwörter

____

____

____

eu – äu

Wenn man sich nicht ganz sicher ist, ob ein Wort mit „äu“ oder „eu“ geschrieben wird, sollte man auf die Wortfamilie achten. Die meisten Wörter mit „äu“ werden nämlich von einem Wortstamm mit „au“ abgeleitet.

AUFGABE 10

Bilde die Wortfamilien und trage die Wörter in die Lücken ein

Substantiv/ Singular	**Substantiv/Plural Verkleinerung**	**Verb**	**Adjektiv**
Haus	________er		________lich
		ver________en	**blau**
Rauch		________ern	ver________
Staub	________chen	zerst________	
Schnauze	________chen	sich ________en	
Haut	________ e	sich ________en	
Raum	________e	________en	ger________ig
Laut		l________en erl______tern	
Grauen	________taten		gr____lich

AUFGABE 11

Die folgenden Wörter mit „äu“ lassen sich nicht ableiten. Schreibe sie noch einmal vollständig auf.

Kn____el, r____dig, sich r____spern, S____le, sich str____ben

AUFGABE 12

„eu“ oder „äu“? Trage die richtigen Laute ein.

a) Ein sch____ßliches, k____chendes und h____lendes Ger____sch …

b) Der sch____e S____ling h____lt.

c) Diese absch____liche Verl____mdung von Zig____nern!

d) Die Verk____fer m____terten wegen der verg____deten Zeit.

e) Die R____ber zeigten tiefe R____e, aber sie h____chelten nur.

AUFGABE 13

Hast du alle Wörter in den vergangenen Übungen richtig geschrieben? Trage die Fehlerwörter wieder in deine Merkwörtertabelle ein.

Meine Merkwörter

____

____

____

____

Test

„e“ oder „ä“, „ei“ oder „ai“, „eu“ oder „äu“ – welche dieser Laute gehören in die Lücken?

Die Bedienung dieses Gerätes ist verhältnism____ßig aufw____ndig. Deswegen will ich Ihnen die Wirkungsweise kurz, aber verständlich erl____tern. Verg____den Sie nämlich keine Zeit mit der beiliegenden Zeichnung, denn diese ist ____ßerst zweifelhaft und überdies und____tlich. L____en jedenfalls haben sich schon häufig get____scht und und standen dann k____chend und s____fzend vor verstr____ten Einzelteilen. Sie werden es sicherlich nicht ber____en und sich unnötige Entt____schungen sparen.

1. Wählen Sie entweder die Arbeitsweise j____ten, s____en oder h____ckseln.
2. Warten Sie ungef____hr 1 Minute, bis das entsprechende Lämpchen aufl____chtet.
3. Drehen Sie dann gem____chlich das Rädchen an der linken Seite des Geh____ses bis zum Anschlag.
4. Führen Sie das Ger____t schr____g über den Boden entlang.
5. Bei kr____chzenden oder ____chzenden Ger____schen sollten Sie überprüfen, ob sich N____gel oder Sp____ne während der Arbeit verk____lt haben.
6. In einem solchen Fall sollten Sie das Gerät n____mlich schl____nigst s____bern und mit einem Qu____ntchen Öl einreiben.
7. Vers____men Sie auch nie die Sp____chen der Sch____felchen und Rädchen zu ölen.
8. Hängen Sie das Gerät nach dem Gebrauch in ein ger____miges Schr____nkchen.

Bewertung:
0–2 Fehler: Gut, du hast bei diesem Gebiet keine Probleme.
3–5 Fehler: Schreibe die Fehlerwörter noch einmal richtig auf.
ab 6 Fehler: Wiederhole das Kapitel.

5

Konsonantenschreibung – „Er sandte das missliche Telegramm an eine unbekannte Adresse“

In den Kapiteln zur Groß- und Kleinschreibung und zur Getrennt- und Zusammenschreibung konntest du feststellen, dass man sich bei manchen Rechtschreibfragen an Regeln halten kann. Wenn es um die richtige Schreibung von Konsonanten geht, helfen Regeln zwar im Allgemeinen nicht viel weiter, aber für manche Zweifelsfragen gibt es doch Hilfestellungen, die du im folgenden Kapitel kennen lernen wirst. Dabei werden die „schwierigen Wörter“ einzelnen Wortgruppen zugeordnet.

Kurz gesprochene Vokale

In Kapitel 3 konntest du bereits feststellen, dass man die Schreibung von manchen Wörtern von der Aussprache ihrer Vokale herleiten kann. Dabei spielte es eine Rolle, ob man zwischen lang und kurz ausgesprochenen Vokalen unterscheiden kann. Die folgenden Sätze sollen dir noch einmal die unterschiedlichen Sprechlängen vorführen:

1. Lahme Kater liegen schlafend auf dem Rasen.
2. Satte Katzen lecken schnurrend fettige Tatzen.

AUFGABE 1

a) Lies den 1. Satz laut und überprüfe die Länge aller Vokale: Wie werden sie ausgesprochen?

____

b) Lies nun laut den zweiten Satz vor. Was lässt sich über die Länge der Vokale sagen?

____

c) Wodurch wird dir im 2. Satz signalisiert, dass du die Vokale kurz aussprechen solltest?

____

MERKE

Doppelkonsonant nach kurzem, betontem Vokal

Wird in einem Wort ein Vokal kurz und betont ausgesprochen, folgen im Allgemeinen mehrere gleichartige oder unterschiedliche Konsonanten.
Beispiele: satte, fettig, Tatze

AUFGABE **2**

Du kannst die Gültigkeit dieser Regel an der folgenden Übung recht gut erkennen. Aus jedem der Wörter mit einem langen Vokal lässt sich ein ähnlich klingendes bilden, dessen Vokal allerdings kurz ausgesprochen wird. Überprüfe, wie sich die Konsonanten verändern.

lang gesprochen	**kurz gesprochen**
Miete	Mitte
Haken	______
raten	______
Stiele	______
fühlen	______
stehlen	______
Kehle	______

AUFGABE **3**

Bei den folgenden Wörter fehlen Zwillingskonsonanten (z.B. bb oder ll) oder auch Konsonantenverbindungen wie „ck“ oder „tz“. Schreibe die Wörter noch einmal richtig auf.

Bo__werk, Karame__, galo__ieren, Stu__, Stu__ateur, nu__erieren, Spi__erei,

Königi__en, ho__end, Pla__, pla__ieren, kontro__ieren, Matra__ze

AUFGABE **4**

Leider gibt es einige wenige Ausnahmen, bei denen nach einem kurzen Vokal nur ein einfacher Konsonant folgt. Das kommt in der folgenden Wortreihe bei 14 Wörtern vor. Welche sind es?

Bro____beere, Vorko____nis, I____biss, Sti____ung, W____nuss, Schutzwa____, ma____, Ma ____schaft, I____ker, erkli____en, Spe____ling,

Spe____müll, Stauda____, Da____wild, Hi____beere, anhi____eln, Ka____era, Hinterka____mer, Ka____erad, Versa____lung, Hote____ , genere____, Ka____itel, verka____en, A____anas, A____once, Ro____oter, Ro____e

AUFGABE 5

Sind dir bereits ein paar Fehler unterlaufen? Dann schreibe diese Wörter noch einmal richtig in die Tabelle.

Meine Merkwörter

____

____

____

____

Pause

Nun zur Abwechslung ein Worträtsel:
Wenn du der Reihe nach jeweils den ersten, dann den zweiten und zum Schluss die Zwillingskonsonanten so austauschst, dass sinnvolle Wörter entstehen, kommst du bei dem letztgenannten Wort jeder Spalte an:

1. Rippe	2. Matte	3. Kelle
Kippe	________	________
________	________	________
Karre	Rolle	Wonne

s – ss – ß

Während du in dem vergangenen Abschnitt auf die Vokallänge achten musstest, geht es bei der Entscheidung, welcher „s“-Laut geschrieben werden muss, zunächst einmal darum, ob er stimmhaft oder stimmlos ausgesprochen wird. Falls du also nicht mehr weißt, was man unter diesen beiden unterschiedlichen Ausspracheweisen versteht, kannst du dies anhand der beiden Sätze überprüfen.

Verkehrshinweise

1. Nicht unbesonnen rasen, sondern sanft reisen.
2. Lass das grässliche Hasten, es macht keinen Spaß und kostet oftmals das Leben.

AUFGABE

6 a) In welchem Satz werden die „s-Laute" zischend, also stimmlos, ausgesprochen, in welchem Satz summend, also stimmhaft?

____

b) Auch in der Überschrift „Verkehrshinweise" gibt es zwei unterschiedlich ausgesprochene „s"-Laute. Welches ist das stimmlose, welches das stimmhafte „s"?

____

AUFGABE

7 Wenn deine Lösungen von Aufgabe 6 a) und b) richtig waren, fällt es dir sicherlich nicht schwer, die folgende Aufgabe zu bearbeiten:
Sortiere diese Wörter nach stimmhaftem und stimmlosem „s".

Besen, beißen, bissen, bösen, bremsen, brausen, bessern, bisher, büßen, bröseln

Nun kannst du folgende Grundregel gut erkennen:

MERKE

Stimmhaftes und stimmloses s

Das stimmhafte „s" schreibt man immer als einfaches „s".
Das stimmlose „s" schreibt man „s", „ss" oder „ß".

Aber gibt es auch Hinweise, die die Entscheidung, welche dieser drei Möglichkeiten beim stimmlosen „s" nun richtig ist, erleichtern? Wenn du dir die folgenden Beispielsätze anschaust, kommst du der Sache vielleicht näher:

1. Der Schlüssel passt zum Schloss, wie ein Rüssel passt zum Ross.
2. Sie saßen, aßen und fraßen maßlos viel Grießbrei.

AUFGABE 8

a) Im 1. Satz findest du mehrere Wörter mit „ss“. Überprüfe die Länge des Vokals, der diesem Doppellaut vorangeht.

____

b) Und wie steht es mit der Länge der Vokale, die dem „ß“ vorangehen?

____

MERKE

„ss“ oder „ß“ beim stimmlosen s

Man schreibt nur dann ein Wort mit „ß“, wenn diesem Buchstaben ein langer Vokal oder ein Doppellaut (Diphthong) vorausgeht.
Beispiele: Fuß, Stoß, beschließen

Nach kurzen betonten Vokalen wird der „s“-Laut im Allgemeinen verdoppelt.
Beispiele: dass, muss, lässt, passt

AUFGABE 9

In den folgenden Wörtern fehlt der lang gesprochene Vokal oder Doppellaut. Schreibe die Wörter noch einmal richtig auf.

Strße, Fße, Grße, Blße, drßen, bßen, Sße, bßen, stßen, mßvoll, vergßen, hßen

AUFGABE 10

In den folgenden Wörtern fehlt der kurze Vokal. Schreibe die Wörter noch einmal richtig auf.

nss, Nss, Schlss, Schss, Ambss, Kolss, Walrss, Fss, Genss, Geschss, Kss, Flss, Gensse, Mssmut, mssraten, Bss, Rss, Kompss, Pss, Gss

AUFGABE 11

Aber wann schreibt man nun ein einfaches „s" für den stimmlosen „s"-Laut? Das kommt bei einer Reihe von einsilbigen Wörtern vor. Ergänze das fehlende „s".

der Bu__, plu__, wa__, da__, Ei__, er la__, Kie__, Prei__, Hau__, Mau__

AUFGABE 12

In der folgenden Aufgabe fehlen alle s-Laute. Füge sie richtig ein.

a) Die So____e i____t zu wä____rig, du mu____t noch einen Schu____ E____ig hinzufügen.

b) Das Walro____ fra____ ge____tern fa____t nur Bambu____pro____en, aber seit heute fri____ t es Wa____ernü____e.

c) La____ deinen Pa____ verlängern, bevor du nach Ru____land rei____t.

d) Als er im Gefängni____ sa____, la____ er gela____en den jüngsten Erla____.

AUFGABE 13

Mit der Vorsilbe „Miss-/miss-" kannst du die Bedeutung der folgenden Wörter in ihr Gegenteil verwandeln. Formuliere sie um und ergänze das dazugehörende Substantiv.

-brauchen, -deuten, -handeln, -billigen, -achten

AUFGABE 14

Mithilfe der Nachsilbe „-nis" entsteht aus den folgenden Verben ein Substantiv. Bilde es und ergänze außerdem die Pluralform.

hindern, ärgern, kennen, gleichen, erleben, ereignen, bilden

AUFGABE 15

Vielleicht sind dir wieder einige Wörter aufgefallen, bei denen du einen Fehler gemacht hast. Schreibe die Wörter noch einmal richtig auf.

Meine Merkwörter

Pause

Leitungswasserrohr

Bilde mit Hilfe der Buchstaben dieses Wortes 20 Einzelwörter mit ss, z.B. nass, ...

d – t, dt – tt

Auszüge aus einem Brief über eine Umweltkatastrophe

1. Seit dem verheerenden Brand mit den nachfolgenden Giftwolken sind die Städte entvölkert.
2. Die Wohnstätte vieler Menschen wurde endgültig abgeriegelt und auch ihr seid vollends verbannt.
3. Es herrscht Totenstille und man kann sich nur unter Todesgefahr in das Gebiet begeben.

AUFGABE 16

a) Bei den oben stehenden Sätzen wurden Wörter markiert. Stelle sie so zu Paaren zusammen, dass deutlich wird, wie sich ihre ähnlich lautenden Konsonanten in der Schriftsprache unterscheiden.

____

____

b) Welche Fragestellungen helfen die richtige Schreibweise der Wörter herauszufinden?

____

____

MERKE

d – t, dt – tt

Bei der Schreibweise von Wörtern mit den Lauten d, t, dt und tt hilft die Zuordnung zu der richtigen Wortfamilie oder das Anhängen einer Nachsilbe.
Beispiele: Wald – Wälder, kalt – Kälte

AUFGABE

17 Unterscheide die Wortstämme „stadt/städte“ und „statt/stätte“ und trage die Wörter richtig ein.

die Werk-, eine Haupt-, die Rast-, -isch, -lich, -geben, ver-ert, -finden, an-

stadt/städt	statt/stätte

AUFGABE

18 Unterscheide die folgenden Wortstämme, indem du die Wörter vervollständigst und richtig zuordnest.

bar-los, ein Schrei -te, ent-en, unent-lich, ver-en, Ver-ung, -mittel

Geld	gelten	gellen

AUFGABE

19 Unterscheide die Vorsilben „end-“ und „ent“ und trage die Wörter richtig ein.

-gültig, -gelten, -los, -völkern, -lich, -lassen, -lohnen, -senden, be-en, -ung

end	ent

AUFGABE **20**

Bei den folgenden Wörtern fehlen die Lautgruppen „-nd“ und „ndt/e“. Füge sie richtig ein.

senden	**wenden**
der Gesa____________	der Verwa____________
er sa____________	er wa____________ sich
sie hatte ges____________	sie ist gewa____________
wir hatten versa____________	die Bewa____________nis
	wir hatten verw____________

Beachte: der Versand, das Gewand

AUFGABE **21**

Aus den folgenden Teilwörtern kannst du jeweils zwei Wörter bilden, die gleich klingen, sich jedoch in ihrer Schreibweise unterscheiden. Setze „d“ oder „t“, ein, gelegentlich musst du noch einen weiteren Buchstaben hinzufügen.

b.a__	____________	____________
b.u.n__	____________	____________
g.r.a__	____________	____________
e.r v.e.r.b.a.n__	____________	____________
w.i.r__	____________	____________
w.a.r__	____________	____________
s.e.i__	____________	____________

AUFGABE **22**

Welche Endsilbe muss bei all diesen folgenden Wörtern eingesetzt werden?

ab__________ , eil__________ , nirg__________ , voll__________ , zuseh__________

AUFGABE **23**

Sicherlich gibt es auch in diesem Abschnitt Wörter, bei denen du leicht einen Fehler gemacht hättest. Trage sie im nächsten Merkwörterkasten noch einmal richtig ein.

Meine Merkwörter

____

____

____

____

Test

Nun ist wieder einmal die Zeit für einen Test gekommen.
In dem folgenden Text sind zahlreiche Wörter unvollständig. Wenn du das zurückliegende Kapitel sorgfältig durchgearbeitet hast, wird es dir nicht schwer fallen, die Lücken richtig zu füllen.

Was darf ein Han____werker an Nebenkosten ve____echnen?

Wenn für eine Repa____atur kein verbin____licher Festpreis ausgemacht worden ist, kommt es gelegentlich zu Unsti____igkeiten oder einem Mi____klang in Bezug auf die finanzie____e Abrechnung. Kunden sollten daher nicht nur sorgfältig die Rechnungen kontro____ieren, sondern auch in Betracht ziehen, da____ nicht nur die Löhne für den Meister, den Gese____en und den Auszubil____en____en abgerechnet werden, sondern auch die Betriebskosten. Dazu gehören beispielsweise die En____gel____e für die Sekretärin und auch Kosten, die in der Werksta____ anfallen. Überflü____ig und unzulä____ig sind jedoch Bereitstellungskosten für Fahrzeuge. Wer sich in einem solchen Fall nicht rechtzeitig an den Betrieb gewa____ und die Rechnungstellung reklamiert hat, mu____ mit Nachteilen rechnen. Sta____ jedoch gleich mit dem Rechtsanwalt zu drohen, genügt schon ein frühzeitig abgesan____er und höflich formulierter Brief. Häufig lä____t sich eine solche Frage auch telefonisch erledigen. Jedenfalls sollte man bei überhöhten Rechnungen nicht reagieren wie ein en____fernter Verwan____er von mir. Dieser lie____ einen ihm gut beka____ten Stu____ateur kommen, der einen kleinen, aber unschönen Ri____ in seiner Wohnzimmerdecke, der sich zusehe____s verlängerte, beseitigen sollte. Der Meister erschien mit einem ganzen Tro____ von Mitarbeitern, die mit drei Firmenwagen anrei____ten. Die Rechnung fiel dementsprechen____ ho____end aus. Mein Verwandter wu____te zunächst nicht, wie er sich seines Ärgers en____ledigen sollte. Dann stellte er einen Verrechnungsscheck über die angegebene Su____e aus, zerri____ diesen jedoch vor dem Versa____ in winzige Stücke und schrieb dazu: „Offensichtlich benötigen Sie für Ihre Belegschaft zusätzliche Arbeitsaufträge bezüglich Rissbeseitigung. Ich hoffe Ihnen hiermit gedient zu haben."

Bewertung:

0–2 Fehler: Du kannst mit dir zufrieden sein.
3–5 Fehler: Schreibe dir die Fehlerwörter noch einmal richtig auf.
ab 6 Fehler: Vermutlich hast du die Übungen dieses Kapitels nicht gründlich genug gemacht.

„Das“ oder „dass“? – „Da__ Dumme am Nichtstun ist, da__ man nicht weiß, wann man fertig ist.“

6

„Das oder dass“ ist eigentlich keine Frage der Rechtschreibung, sondern ein grammatisches Problem. Da hier häufig Fehler gemacht werden, wollen wir es in einem eigenen Kapital behandeln.

Das Videogerät, das ich mir ausgeliehen habe, kann Filme offensichtlich nur rückwärts abspielen. Das habe ich allerdings bei der „Nackten Kanone“ erst sehr spät gemerkt, weil der Film sowieso völlig verrückt ist. Dass igendwas an dem Gerät nicht stimmt, fiel mir erst auf, als ich eine Aufzeichnung des letzten Basketballspiels ansah. Ich wunderte mich zunächst sehr, dass die Spieler rückwärts liefen und dass der Ball immer aus dem Korb hüpfte. Nun hoffe ich, dass ich ein besseres Gerät bekomme.

AUFGABE 1

a) Im ersten Absatz des Beispieltextes werden alle „das“-Wörter mit einem einfachen „s“ geschrieben. Allerdings gehören sie drei unterschiedlichen Wortarten an. Kannst du sie der Reihe nach benennen?

____

____

b) Bei den markierten Wörtern im zweiten Absatz handelt es sich um eine vierte Wortart. Wie heißt sie?

____

Die Aufgaben von „das“ und „dass“

MERKE

Die Aufgaben von „das“ und „dass“

Das mit einem einfachen „s“ geschriebene Wort „das“ hat drei unterschiedliche Aufgaben:
- Artikel (Das Videogerät ist ausgeliehen.)
- Relativpronomen (Das Videogerät, das ich ausgeliehen habe, ...)
- Demonstrativpronomen (Das habe ich erst spät gemerkt.)

Man kann diese Wörter durch „dieses/dies, jenes oder welches“ ersetzen. (Jenes Videogerät ist ausgeliehen; das Videogerät, welches ich mir ausgeliehen habe, ...; dies habe ich erst spät gemerkt.)

Bei dem Wort „dass“ handelt es sich um eine Konjunktion, die eine Folge, eine Absicht oder einen Zweck ausdrückt.
Die Konjunktion „dass“ kann nicht durch „dieses/dies, jenes oder welches“ ersetzt werden.
Denke daran, dass die Konjunktion „dass“ mit „ss“ geschrieben wird.

AUFGABE **2**

Ergänze in den folgenden Satzgruppen die fehlenden „s“-Laute und stelle fest, um welche Wortart es sich jeweils handelt.

a) Ich habe da... Schmalzbrot zu lange in meiner Schultasche gelassen.

b) Nun ist da... Englischheft völlig hinüber.

c) Da... Schlimmste ist der Verweis, den mir Herr Huber deswegen gab.

d) Als meine Mutter da... sah, hat sie lachen müssen.

e) „Da... ist mir früher auch schon einmal passiert“, sagte sie.

f) Damals hatte da... aber noch schlimmere Folgen.

g) Ich hatte nämlich ein Osterei, da... mit Eierlikör gefüllt war, in meiner Tasche.

h) Als ich das Morgengebet, da... ich vor der Klasse vorlesen musste, aufschlagen wollte, war die gesamte Seite völlig zugeklebt.

i) Glücklicherweise kannte ich das Gebet, da... auch recht kurz war, auswendig.

k) Da... ich eine Klosterschule besuchte, war aber in diesem Fall nicht gerade angenehm.

l) Schwester Isidora roch nämlich, da... da etwas nicht in Ordnung war.

m) Alkohol in der Schule war strengstens verboten, soda... meine Eltern in die Sprechstunde kommen mussten und strengstens auf ihre Erziehungspflichten aufmerksam gemacht wurden.

AUFGABE 3

In dem folgenden Text kommen nun alle Wortarten, die „das“ oder „dass“ geschrieben werden, nicht mehr gesondert vor. Entscheide dich für die richtige Schreibweise.

Ich möchte nicht, da... da... Badezimmer, da... ich gerade geputzt habe, so aussieht, als ob da... Wasserrohr geplatzt ist. So schwer kann da... doch gar nicht sein, da... man nach einem Bad alles wieder ordentlich hinterlässt. Wenn du schon da... einzige Badezimmer im Haus, da.. alle benutzen wollen, geschlagene drei Stunden besetzt, kann man doch erwarten, da... man beim Eintreten nicht befürchten muss, da... man in den hinterlassenen Fluten ertrinkt. Also, lass dir da... doch bitte gesagt sein! Ich hoffe, da... du dich in Zukunft an da..., was ich dir gelegentlich sagen muss, besser erinnern kannst.

Pause

Der folgende Satz erhält erst dann einen Sinn, wenn du insgesamt zehnmal entweder „das“ oder „dass“ einfügst. Wo müssen die Wörter hin? Achte auf die richtige Schreibweise.

Alf-Poster, ich mir vor Jahren gekauft habe und ziemlich teuer war, immer wieder von der Wand fiel, regte mich damals so auf, ich es mit Tapetenkleister anklebte, und nun habe ich Problem, ich dumme Bild ertragen muss, wenn ich nicht ganze Zimmer neu tapezieren will, aber ist mir die Mühe eigentlich nicht wert.

Bevor du dich nun mit dem Test beschäftigst, solltest du dir selbst dein Wissen noch einmal verdeutlichen: Fülle in die Leerzeilen die in Klammern gesetzten Sätze so ein, dass die dazugehörenden vier Wortarten in ihnen auftauchen.

Artikel (das)	(Haus am Strand gefällt mir)	______________________ ______________________
Relativpronomen (das)	(Das Haus,welches am Strand steht, gefällt mir)	______________________ ______________________ ______________________
Demonstrativ-pronomen (das)	(Dieses ist ein gemütliches Haus.)	______________________ ______________________ ______________________
Konjunktion (dass)	(Ich hoffe, dieses Haus können wir mieten.)	______________________ ______________________ ______________________ ______________________

Test

In diesem Tagebucheintrag gibt es 8 Fehler bei der Schreibweise von „das“ und „dass“. Unterstreiche sie, schreibe die Wörter richtig an den Rand und überprüfe ihre Richtigkeit.

Heute bekommen wir das Diktat wieder, dass wir letzten Montag geschrieben haben. Das das nicht das beste Ergebnis sein wird, das kann ich mir jetzt schon denken. Am Montag war ich nämlich so müde, das ich kaum aus den Augen schauen konnte. Am Abend zuvor war das Konzert der „Toten Hosen“. Es war das Beste, was ich jemals erlebt habe. Dass es mir die Eltern überhaupt erlaubt haben, dorthin zu gehen, dass hat mich sowieso erstaunt. Aber leider konnte ich mein Versprechen nicht einhalten, dass ich pünktlich um 23.00 Uhr zu Hause sein würde. Dafür, das das Konzert erst mit einstündiger Verspätung begann, konnte ich aber nichts. Und eigentlich kann doch niemand von mir verlangen, dass ich dann vor dem Ende gehe! Aber mach dass mal meinen Eltern klar. Dass war vielleicht ein Theater, als ich das Wohnzimmer um halb eins betrat. Jetzt kann ich nur hoffen, das mein Diktat nicht auch „in die Hosen" gegangen ist, denn dann ist das nächste Konzert todsicher gestrichen.

Bewertung:

0	Fehler:	Gut; du hast es begriffen!
1–2	Fehler:	Schau genau nach, was du gemacht hast. Waren es „Schussel"- oder Verständnisfehler?
mehr Fehler:		Du solltest dieses Kapitel noch einmal wiederholen.

7

Fremdwörter – „Mit multikulturellem Engagement durchs globale Dorf surfen“

1. Ich finde diesen Lehrer total human und irgendwie absolut super.
2. In dieser Kneipe herrscht eine klasse Atmosphäre und es gibt sehr viel sympathische Leute.
3. Nachdem sie der Frisör recht modisch kahl geschoren hatte, fühlte sie sich nicht besonders gut und tröstete sich mit einer doppelten Portion Pommes frites, die dem Umfang ihrer Taille jedoch nicht so gut tat.
4. Also, ich finde ihren Lover echt ein bisschen heavy: Er ist ein ziemlicher Outsider und seine Kleidung ist wirklich megaout.

AUFGABE 1

a) Betrachten die markierten Wörter im Kasten. Was haben sie gemeinsam?

____

b) Stelle fest, aus welchen Sprachen die Wörter jeweils kommen.

____

Sicherlich hast du bereits im Deutschunterricht gelernt, dass die deutsche Sprache von den vielfältigen historischen und kulturellen Entwicklungen der letzten beiden Jahrtausende geprägt wurde. Kriege wurden geführt, Länder wurden besetzt, Handel wurde betrieben, Modeerscheinungen, aber auch wissenschaftliche Erkenntnisse wurden übernommen und Fremde aufgenommen. Und all diese Ereignisse und Menschen haben Spuren im jeweiligen Sprachgebrauch hinterlassen, die bis heute erkennbar sind: fremde Wörter und Wendungen für neuartige Dinge und Gedanken. Zu den Erbwörtern, die rein deutsch sind, gesellten sich die Lehnwörter. Darunter versteht man ursprüngliche Fremdwörter, die so der deutschen Sprache angepasst wurden, dass man sie gar nicht mehr als Fremdwörter erkennt: „Fenster“ oder „Mauer“ gehören dazu wie „Kanzel“ und „Kostüm“. Schwierigkeiten bereiten aber meistens nur die Fremdwörter, die in ihrer Worterscheinung noch die Herkunft aus einer anderen Sprache erkennen lassen. Viele dieser Wörter, die täglich in den Zeitungen oder in Funk und Fernsehen gebraucht werden, sind schwer zu verstehen. Und selbst wenn diese Verständnisschwierigkeiten nicht vorhanden sind, so hat es oft die Schreibweise in sich: Wörter wie „Annonce“, „Rhythmus“ und „Coach“ spricht man zwar leicht aus, aber beim Schreiben schleichen sich Fehler ein.

Fremdwörter mit ph, rh, th und gh

In den folgenden Übungen wirst du mit häufig vorkommenden Fremdwörtern bekannt gemacht und kannst lernen typische Fehlerquellen bei deren Schreibweise zu vermeiden. Wenn du das eine oder andere Wort nicht verstehst, solltest du es zusätzlich im Wörterbuch nachschlagen.
Aus dem Griechischen, Lateinischen und Italienischen stammen viele Fremdwörter mit den Lautverbindungen rh, th, ph, gh.

AUFGABE **2**

Schreibe die folgenden Fremdwörter ab und setze die passende Lautverbindung ein:

Al___abet, Hypo___ek, Labyrin___, ___ase, ___iloso___, Pro___et, ___inozeros, ___etorik, ___y___mus, Stro___e, ___ater, ___eke, ___ema

AUFGABE **3**

In dieser Aufgabe werden dir die Laute bereits vorgegeben. Trage die Fremdwörter mit den folgenden Bedeutungen an der richtigen Stelle ein:

a) Lufthülle um die Erde, b) Siegesgefühl, c) Straßenbelag, d) Gesetzestext, e) körperlich f) Sportler, g) Schulfach, das Kopfzerbrechen bereiten kann, h) Zuneigung, i) Büchersammlung, k) Medizinhandlung

a) ______________ph_____	f) ____________th______________
b) ______________ph	g) ____________th______________
c) ______________ph_____	h) ____________th______________
d) __________________ph	i) ____________th______________
e) ph________________	k) ____________th______________

MERKE

Zwei Schreibweisen bei Fremdwörtern

Einige Wörter und Wortstämme entwickeln sich vom Fremdwort zum Lehnwort: Ihre Schreibweise wird dem deutschen Sprachgebrauch angeglichen. Daher gibt es zwei Schreibweisen. Die erstgenannte ist die zu bevorzugende Hauptvariante:

Beispiele: Katarrh, auch Katarr
Thunfisch, auch Tunfisch
Fotografie, auch Photographie
Getto, auch Ghetto

Wie du siehst, ist nicht immer die vereinfachte Schreibweise die Hauptvariante.

AUFGABE 4

Schreibe die folgenden Wörter in ihrer vereinfachten Schreibweise auf.

Myrrhe, Panther, Phantasie, Spaghetti, Joghurt

AUFGABE 5

Bei dieser Übung solltest du deine Arbeit genau mit den Lösungen vergleichen. Denn hier kommen nicht nur Fremdwörter mit rh, th, und ph vor, sondern auch solche, die mit den einfachen Lauten r, t und f geschrieben werden. Die Fremdwörter, die man vereinfacht schreiben kann, tauchen hier in der einfachen Fassung auf.
Bei jedem dieser Fremdwörter fehlt ein Buchstabe. Schreibe die Wörter vollständig und mit den richtigen Anfangsbuchstaben in dein Heft.

atll	teorie	amosphäre
mthematik	graologe	rabarber
reuma	atlet	ortograie
straegie	phospor	äter
katar	tnfisch	graik
pantr		

AUFGABE 6

Vermutlich hast du in den vergangenen Übungen ein paar Fehler gemacht. Schreibe diese Wörter noch einmal richtig in die Tabelle auf der nächsten Seite, bevor du weitermachst.

Meine Merkwörter

Pause

Du hast dich nun mit einer Reihe von Fremdwörtern mit einer schwierigen Lautkombination beschäftigt. In dieser Pause lernst du Wortstämme kennen, die zum Teil die Laute th und ph/f enthalten und die überdies so oft vorkommen und so oft neu kombiniert werden, dass es sich lohnt, ihre Grundbedeutung zu kennen.

German Deutschling ist ein wirklicher Fremdworthasser. Deswegen benutzt er nur deutsche Wörter. Aber weißt du, welche Wörter er meint? Ergänze die einzelnen Wortbausteine auf der nächsten Seite so, dass sie das Fremdwort für den fettgedruckten deutschen Begriff angeben.

a) Ich kann laute Geräusche **seelisch** überhaupt nicht verkraften.
b) Wenn der **Fernklangübermittler** klingelt, erschrecke ich jedes Mal.
c) Ganz schlimm finde ich so einen **Klangverstärker** bei Großversammlungen.
d) Die moderne **Lehre von den Körpern** kommt zu erstaunlichen Ergebnissen.
e) Und auch in der **Lehre von den sehr kleinen Lebewesen** gibt es neue Erkenntnisse.
f) In der **Lehre vom Aufbau der Erde** kenne ich mich jedoch nicht gut aus.
g) Gestern hörte ich auch einen Vortrag über den **Lebensraum** der Erde.
h) Allerdings sprach der Redner äußerst **eintönig.**
i) Ich würde ihm eine Behandlung bei einem **Sprachheilkundler** vorschlagen.
k) Ihr **Selbstbeweger** ist ins Rollen geraten und hat meinen beschädigt.
l) Ich werde mir von diesem Unfallschaden erst einmal eine **Lichtzeichnung** machen.
m) Meine **zeichnerisches** Begabung ist nämlich nicht sehr groß.
n) Wir sollten zunächst die Schwierigkeiten bewältigen, die unseren **Staat betreffen.**
o) Dann erst gehen uns die Verbrechen gegen die **Menschlichkeit** woanders etwas an.
p) Man muss kein großer **Freund des Denkens** sein um dies zu begreifen.

Phys__________
den Körper betreffend

Phil__________
Freund von, Liebe zu

Fot(o)__________
Licht

nation__________
den Staat betreffend

Mikro__________
klein, winzig

Human__________
den Menschen betreffend

Auto__________
selbst

psych__________
die Seele betreffend

graf__________
das Schreiben und Zeichnen betreffend

__________fon
Klang

Tele__________
fern

Bio__________
Leben

mono__________
allein, ein

Geo__________
die Erde betreffend

Log(o)__________
Wort, Lehre

Konsonantenverdoppelung bei Fremdwörtern

Bei den folgenden Fremdwörtern ist auf die Konsonantenverdopplung zu achten.

AUFGABE 7

Welche Doppelkonsonanten fehlen bei den folgenden Wörtern? Schreibe sie richtig ab. Unbekannte Wörter solltest du nachschlagen.

nu____erieren, Ko____ission, Ko____osion, A____ekt, A____ression, A____usativ, E____ekt, Progra____, a____ullieren, Appe____, Intere____e, A____osition, A____regat, Schafo____

AUFGABE

8 Ergänze bei den folgenden Wörtern die fehlenden Buchstaben und trage sie in den passenden Bereich ein.

A____ord, Banke____, Ski____e, ratione____, Mo____a, Para____elo-

gra____, Ja____, Bankro____, Parke____, Progra____, A____laus,

Boui____on, Di____erenz, Sy____etrie, Raba____, E____ipse, A____etit

Essen und Trinken	Mathematik/Rechnungswesen	Kunst/Musik/Theater

AUFGABE

9 Bei der folgenden Übung solltest du wiederum genau auf die Lösung achten: Fremdwörter mit doppelten, aber auch einfachen Konsonanten sind hier gemischt. Jedem der folgenden Wörter fehlt ein Buchstabe. Schreibe sie richtig in dein Heft und achte dabei auf die Groß- und Kleinschreibung. Kennst du von jedem Wort die deutsche Bedeutung? Schlage sie gegebenenfalls nach.

finanziel	numerieren	abonement
pogro	akutik	kommision
komunion	apell	aggresion
anekdte	anonm	karirt

MERKE

Zwei Schreibweisen bei einigen Fremdwörtern mit y, c, t

Wörter mit den Konsonanten y, c, t haben in manchen Fällen auch eine vereinfachte Schreibweise:

Beispiele: Yoga und Joga, Caritas und Karitas; Penicillin und Penizillin;
potenziell, auch potentiell

AUFGABE

10 Schreibe diese Fremdwörter vereinfacht auf:

Yoghurt, codieren, circa, substantiell

AUFGABE 11

Hast du beim Vergleich mit den Lösungen Fehler entdeckt? Dann schreibe diese Wörter sicherheitshalber noch einmal in die folgenden Merkwörtertabelle, damit du sie dir gut einprägst.

Meine Merkwörter

Pause

Nun ist wieder eine kleine Denkpause angesagt: In diesem Fall geht es um häufig vorkommende Vorsilben aus dem Lateinischen und Griechischen. Wenn man deren Bedeutung kennt, fällt es leichter so manches unbekannte Fremdwort zu „übersetzen".

Wenn du die folgenden Vorsilben richtig in die Wörter einsetzt, erfährst du nicht nur deren Übersetzung, sondern kannst an den gegenüberstehenden Tabellen auch erkennen, welche eine entgegengesetzte Bedeutung haben.

a/ab ad anti de/dis ex in ko/kon post prä sub super sym/sin

______operieren ______struktiv	mit, hinzu	⇔	nicht zer-	______qualifizieren ______struktiv
______dieren ______option	hinzu	⇔	weg nicht	______sozial ______norm
______pathie ______fonie	zusam- men, für	⇔	gegen	_______terrorgruppe _______pathie
______jizieren ______tern	hinein innerhalb	⇔	hinaus, außerhalb	______trahieren ______tern
________macht ________man	über	⇔	unter	______summieren ______marin
______historisch ______parieren	vor	⇔	nach, später	_______ mortem _______ Skriptum

Fremdwörter aus dem Französischen

AUFGABE 12

Es gibt zahlreiche Wörter aus der französischen Sprache, die wir im täglichen Gebrauch ganz selbstverständlich benutzen. Welche Wörter verbergen sich hinter den fettgedruckten Verdeutschungen?

a) Ich habe mein **Duftwasser** auf dem **Abtritt** gelassen.

b) Da sie zu oft **klein geschnittene gebratene Kartoffeln** isst, wurde ihre **Körpermitte** etwas füllig.

c) Da sie überdies eine Vorliebe für ein **reiches Angebot kalt angerichteter Speisen** hat, muss sie sich demnächst einer **Knetkur** unterziehen.

a) ______________________________ ______________________________

b) ______________________________ ______________________________

c) ______________________________ ______________________________

AUFGABE 13

Bei den folgenden Wörtern kommen Lautgruppen vor, die häufig falsch geschrieben werden. Ergänze in den unten stehenden Wörtern die fehlenden Buchstaben und trage sie an der richtigen Stelle ein.

Rev____che, bal____cieren, Chans____, Em____le, Mem____ren, Det____,

T____le, Pens____, Plat____, Jarg____, ____ de toilette, Tr____ce

an	ail	on
Branche	Medaille	Saison
____________	____________	____________
____________	____________	____________
____________	____________	____________

oi	eau
Toilette	Niveau
____________	____________
____________	____________

MERKE

Zwei Schreibweisen

Bei einigen Fremdwörtern gibt es zwei Schreibweisen.
Beachte Haupt- und Nebenvariante.

Beispiele: Facette und Fassette; Mohair und Mohär; Nugat, auch Nougat; Kupon, auch Coupon; Varietee, auch Varieté, Chicorée, auch Schikoree

AUFGABE 14

Schreibe vereinfacht auf. Die fett gedruckten Buchstaben müssen verändert werden.

Brav**our**, **C**reme, Fa**ç**on, Polon**ai**se, Kommuni**qué**, Expos**é**, Ha**ché**

Beachte:
Portmonee, auch Portemonnaie
Majonäse, auch Mayonnaise

Fremdwörter aus dem Englischen

AUFGABE 15

Welche englischen Wörter verbergen sich hinter den folgenden Verdeutschungen?

a) Der **Mietkauf** von Autos wird immer häufiger.

b) Aus diesen Gründen gibt es einen **Wirtschaftsaufschwung** in der Automobilindustrie.

c) Auch in Zukunft ist keine **Neigung** zum Autoverzicht zu erkennen.

a) ________________ b) ________________ c) ________________

AUFGABE 16

Bei den folgenden Wörtern fehlen die Laute bzw. die Lautgruppen a, e, ea, i, iew, o, ou, ui, z und zz. Schreibe die Wörter der Reihe nach richtig in dein Heft.

D____ler, T____m, J____ns, P____ster, Slog____n, Disc____nt, C____ch,

L____ser, S____fe, B____seball, Bodyb____lding, Interv____, B____kott,

P____pel____ne, Bungal____, Bla____er, Pu____le, Qui____, F____n

MERKE

Zwei Schreibweisen

Auch bei manchen Wörtern aus dem Englischen gibt es zwei Schreibweisen.
Beispiele: Sketsch, auch Sketch; Klub, auch Club

AUFGABE **17**

Schreibe vereinfacht:
Ketchup, Code

AUFGABE **18**

Möglicherweise hast du bei den vergangenen Übungen kaum Fehler gemacht. Sollte sich jedoch die eine oder andere falsche Lösung ergeben haben, wäre es sinnvoll, wenn du die betreffenden Wörter noch einmal richtig aufschreiben würdest.

Meine Merkwörter

Test

Nun hast du hoffentlich genug über die Schreibweise von Fremdwörtern gelernt, dass du die 16 Fehler, die es in dem folgenden Text gibt, erkennen kannst. Schreibe die Wörter noch einmal richtig auf und vergleiche sie dann mit der Lösung. Bei der Bewertung solltest du nicht nur die Wörter miteinbeziehen, die du „übersehen" hast, sondern auch die, die du fälschlicherweise als „falsch" angesehen hast.

Gehst du gerne zur Schule? Auf diese Frage antworten meistens nur Erstklässler, die gerade das Alfabet kennen gelernt haben, mit einem enthusiastischem „Aber, ja!" Wenn man älter wird und sich durch das Labyrint der mathematischen Formeln quälen muss und oft den Ausweg nicht findet, schwächt die Begeisterung merklich ab. Im Fach Deutsch geht es nicht mehr um das Geschichtenerzählen, sondern man schlägt sich mit Dativ und Akusativ herum, auch die vielen Vokabeln in der Fremdsprache erwecken wenig Sympatie und erzeugen eher Stress und so manches Tema in Sozialkunde

oder Religion geht an den Schülern vorbei. Bei vielen Schülern kommt es früher oder später zu einer Fase der Schulmüdigkeit. Schuld daran ist die hohe Zahl unterschiedlicher Fächer und vor allem der Vorrang der Teorie vor der Praxis. Manche Jugendliche reagieren mit Agression, viele flüchten sich mithilfe eines Darmkatars oder diffuser Infeckte vor Leistungskontrollen, bei denen man unter Umständen mit einem negativen Resultat rechnen muss. Oft kolidiert das Hausaufgabenpensum auch mit dem Bedürfnis nach Erholung und einer entspannten Athmosphäre in der Freizeit.
Wenn man seinen Horizont erweitern will und den Blick in die Schulen anderer Länder wirft, kann man erkennen, dass dort häufig andere Lernfächer angeboten werden: Schüler arbeiten an Umweltprojeckten, spielen Theater und bauen ihr Selbstbewusstsein auf, wenn der Aplaus ihre Leistung belohnt. In Debatierklubs wird die Fähigkeit zur konstruktiven Argumentation geübt und atletische Leistungen, die in Sportteams erzielt werden, werden ungleich höher eingeschätzt als bei uns.

Bewertung:

0–1 Fehler:	Prima, du hast es „gecheckt"!
2–3 Fehler:	In Ordnung; wiederhole noch einmal deine Fehlerwörter.
4–5 Fehler:	Möglicherweise hast du nicht alle Übungen gründlich gemacht.
ab 6 Fehler:	Es wäre gut, wenn du dieses Kapitel noch einmal durcharbeitest.

8 Kommasetzung – „Gäbe es das Komma nicht, wär ich nicht so’n armer Wicht“

Ein Komma, das zwei Leben zerstörte

Timmy liebt Jenny. Für ihn ist sie die Frau fürs Leben. Sie weiß es nur nicht. Er ist nämlich sehr schüchtern. Beinahe so schüchtern wie Jenny. Nur der Draufgänger Mark weiß von der Leidenschaft seines Freundes Timmy. Er liebt Jenny übrigens auch. Aber sie weist ihn immer wieder zurück. Wegen Timmy. Nun muss Timmy für ein Jahr ins Ausland. Vor seiner Abreise sieht er Jenny zum letzten Mal. Immer noch schweigt er über seine Liebe. Über ein paar Andeutungen kommt er nicht hinaus. Traurig verabschieden sich die beiden. Danach wirbt Mark immer erfolgreicher um Jenny. Endlich stimmt sie einer Heirat zu. Timmy erfährt von diesen Plänen. Jetzt kann er seine Schüchternheit überwinden. Vielleicht liebt ihn Jenny ja auch? Er schickt Jenny ein Telegramm. „Heirate Mark nicht warten!“ Leider setzt er das Komma in diesem Satz falsch. Bei seiner Rückkehr ist Jenny mit Mark verheiratet. Ein Baby hat sie auch schon. Aber glücklich wurden Jenny und Timmy nie.

AUFGABE 1

a) Schreibe Timmys Telegramm mit der fatalen Kommasetzung auf.

____

b) Wie müsste der Satz lauten, wenn die Kommasetzung zu einem Happyend führen soll?

____

Natürlich ist die Zeichensetzung normalerweise nicht von so entscheidender Bedeutung wie in dieser unglücklichen Liebesgeschichte. Aber wer zu viele Kommas falsch setzt, kann durchaus das Verständnis eines Textes erschweren oder manche Sätze sogar missverständlich schreiben. Und natürlich beeinflussen auch Kommafehler so manche Note und werfen bei wichtigen Texten ein ungünstiges Licht auf den Schreiber.
„Ich setze Kommas immer nach dem Gefühl." Das kann bei manchen Menschen gut gehen. Wer jedoch häufig Kommafehler macht, sollte sich auf das Gefühl nicht verlassen und sich lieber mit den wenigen grundlegenden Regeln beschäftigen, die dazu verhelfen, dass man 95 % aller Kommas richtig setzt. Diese Regeln wirst du auf den kommenden Seiten kennen lernen.

AUFGABE 2

Betrachte noch einmal den Text. Alle Sätze (bis auf das Telegramm) kommen ohne Komma aus. Woran liegt das?

____

Wenn du diese Frage richtig beantwortet hast, hast du bereits erkannt, dass Kommas nur dann notwendig sind, wenn ein kompliziert aufgebauter Satz gegliedert werden muss, damit ihn der Leser schneller überblicken kann. Einfache Sätze kommen weit gehend ohne Kommas aus. Aber was versteht man unter einem einfachen Satz?

Zur Wiederholung:
Ein Satz besteht mindestens aus zwei Grundelementen, den Satzteilen Subjekt und Prädikat.

Subjekt:	**Prädikat:**
Timmy	liebt

Ein solcher Satz enthält nur sehr wenige Informationen. Schließlich will man wissen, wen Timmy liebt. Dazu braucht man das Objekt.

Subjekt	**Prädikat**	**Objekt**	
Timmy	liebt	Jenny.	(Wen liebt er? Akkusativobjekt)
Timmy	schreibt	Jenny.	(Wem schreibt er? Dativobjekt)
Timmy	erfährt	von den Plänen.	(Wovon erfährt er? Präpositionalobjekt)
		Dativobjekt +	**Akkusativobjekt**
Er	schickt	Jenny	ein Telegramm.

Wer einen Satz inhaltsreicher formulieren möchte, ergänzt noch Angaben über die Umstände des Geschehens mithilfe der Adverbialen:

Timmy muss **ins Ausland.**	(Wohin muss er? **Adverbiale des Ortes**)
Vor seiner Abreise sieht er Jenny.	(Wann sieht er sie? **Adverbiale der Zeit**).
Traurig verabschieden sie sich.	(Wie verabschieden sie sich? **Adverbiale der Art und Weise**)
Aufgrund seines Telegramms heiratet Jenny Mark.	(Warum heiratet sie? **Adverbiale des Grundes**)

Die Satzteile Subjekt, Prädikat, Objekt und Adverbiale werden oft durch Attribute ergänzt.

Der Draufgänger Mark wirbt seit **vielen** Jahren um **die schüchterne** Jenny.

Vielleicht wunderst du dich, dass du die Kenntnis und Unterscheidung der Satzteile wiederholen musst. Dies ist jedoch sehr wichtig, um eine wesentliche Grundvoraussetzung für die richtige Zeichensetzung zu schaffen. Diese lautet:

MERKE

Grundregel

Die Satzteile Subjekt, Prädikat, Objekt, Adverbiale und Attribut werden nicht durch ein Komma getrennt. Das kannst du an dem folgenden langen, aber kommalosen Beispielsatz erkennen.

Beispiel: Aufgrund des missverständlichen Telegramms gibt die schüchterne Jenny an einem verregneten Sonntag dem Draufgänger Mark unendlich traurig in der heimatlichen Dorfkirche das Jawort.

AUFGABE 3

Schreibe den Beispielsatz ins Heft und unterstreiche die folgenden Satzteile.

a) Subjekt und das dazugehörende Attribut.

b) Prädikat

c) Dativ- und das Akkusativobjekt mit den Attributen

d) Adverbiale des Ortes mit dem Attribut

e) Adverbiale der Zeit mit dem Attribut

f) Adverbiale des Grundes mit dem Attribut

g) Adverbiale der Art und Weise mit dem Attribut

Hast du diese Aufgabe richtig gelöst? Dann kannst du erkennen, dass alle Wörter des Satzes unterstrichen sind und somit wirklich nur die genannten Satzteile vorkamen, die man also nicht durch ein Komma trennen darf. Aber der Beispielsatz ist auch wirklich nur deswegen so formuliert worden, um dir diese Grundregel nahe zu bringen. Du kannst selbst erkennen, dass ein solcher Mammutsatz nicht schön klingt und du dir sicherlich damit einen Ausdrucksfehler einhandeln würdest. Deutschlehrer werden von dir erwarten, dass du ihn umformulierst, besser aufbaust und durch Kommas gliederst. Aber natürlich muss man dann auch die Kommas richtig setzen.

Damit kommen wir zu den Bedingungen, die ein Komma erforderlich machen.

Komma bei Aufzählungen

1. Timmy liebt die zurückhaltende, liebenswerte Jenny.
2. Aber der schüchterne junge Mann schweigt.
3. Sie hofft, betet, leidet.
4. Timmy, Mark, Danny und ein gewisser Freddy werben um sie.
5. Weder Timmy noch Freddy und auch nicht Danny kommen an ihr Ziel.

AUFGABE 4

a) Betrachte die markierten Kommas in den Sätzen 1, 3 und 4. Welche Aufgabe haben sie?

____

b) Warum steht im 2. Satz kein Komma zwischen den Wörtern „schüchterne“ und „junge“?

____

c) Warum gibt es kein Komma in Satz 5? Auf welche andere Stelle in Satz 4 trifft dieser Fall auch zu?

____

Vielleicht hat die Beantwortung dieser Fragen dir schon die erste Kommaregel nahe gebracht. Sie steht im Merkkasten auf der nächsten Seite.

MERKE

Komma bei Aufzählungen

Das Komma steht zwischen Aufzählungen, wenn diese nicht durch die Konjunktionen „und“, „oder“, „sowie“, „sowohl – als auch“, „weder – noch“ verbunden sind.
Beispiel: Timmy, Mark, Bobby und ein gewisser Freddy ...

Bezieht sich ein Attribut auf ein folgendes, handelt es sich nicht um eine Aufzählung. (Erkennungsmerkmal: Man kann kein „und“ dazwischensetzen und die Wörter lassen sich nicht vertauschen.)
Beispiel: Der schüchterne junge Mann ...

AUFGABE **5** Ergänze die fehlenden Kommas.

An einem wolkenlosen sonnigen Tag reiste Timmy ab. Er hatte einen wichtigen und sehr reizvollen Auftrag in einer großen ausländischen Stadt zu erfüllen. Aber das traurige blasse sowie irgendwie hoffnungslose Gesicht von Jenny konnte er in all den langen folgenden Wochen nicht vergessen. Zwar stürzte er sich in seine Arbeit in das Vergnügen in die Ablenkungen der Großstadt. Aber weder das abenteuerliche Leben noch die interessanten ungewöhnlichen Menschen ließen ihn die Heimat vergessen. Endlich nach vielen durchwachten Nächten nach Stunden äußerster Ratlosigkeit nahm er Stift Papier und all seinen Mut zusammen.

Komma vor entgegensetzenden Konjunktionen

1. Jenny war traurig und verzweifelt, aber nicht ungeduldig.
2. Zwar schätzte Mark seinen Freund Timmy, jedoch nur in Maßen.
3. Das Wetter am Hochzeitstag war nicht nur verregnet und kalt, sondern auch stürmisch.

AUFGABE **6** Betrachte die markierten Konjunktionen. Was haben sie gemeinsam?

Diese Kommaregel ist äußerst einfach. Sie lautet:

MERKE

Entgegensetzende Konjunktionen

Vor entgegensetzenden Konjunktionen wie „aber", „jedoch" und „sondern" steht innerhalb eines Satzes ein Komma.
Beispiel: Sie fährt nicht nur bei gutem, sondern auch bei schlechtem Wetter.

AUFGABE **7** Diese Kommaregel ist so einfach, dass du bei dieser Aufgabe sicherlich auch noch die erste Kommaregel mit anwenden kannst.

Mark ist ein hübscher aber etwas leichtfertiger junger Mann. Zwar liebt er Jenny sehr jedoch fand er andere Mädchen auch recht attraktiv. Sein Hochzeitstag mit Jenny war deswegen nicht nur ein Freudentag für das Dorf sondern ein schwarzer Tag für Lizzy. Sie hatte jahrelang auf Mark gewartet aber er hatte ihr immer nur leere nichtssagende Versprechungen gemacht. Die Dorfbewohner empfingen das Brautpaar nach der Kirche mit einfachen jedoch herzlichen gut gemeinten Glückwünschen aber Lizzy stieß nur üble und bösartige Verwünschungen aus.

Komma bei Appositionen

1. a) Der alte Vater von Jenny war über ihre Hochzeit nicht glücklich.
   b) Jennys Vater, **ein alter Mann**, war über ihre Hochzeit nicht glücklich.
2. a) Er hatte den Draufgänger Mark noch nie leiden können.
   b) Er hatte Mark, **den Draufgänger**, noch nie leiden können.
3. a) Während der Hochzeit blieb er in seinem rosenumrankten Haus.
   b) Während der Hochzeit blieb er daheim, **in seinem rosenumrankten Haus**.
4. a) Erst am 1. Mai besuchte er das Paar.
   b) Erst am folgenden Tag, **den 1. Mai**, besuchte er das Paar.
5. a) Er war mit Recht bekümmert.
   b) Er war bekümmert, **und zwar mit Recht**.

AUFGABE 8

a) Betrachte die markierten Formulierungen in den Sätzen 1a, 2a und 3a. Um welche grammatikalische Form handelt es sich? (vgl. S. 83)

____

b) Was ist der Unterschied zwischen den markierten Formulierungen und den fett gedruckten Satzbestandteilen in den Sätzen 1b bis 5b?

____

Du kannst also erkennen, dass man genauere Angaben in einem Satz in Form eines vorangestellten Attributes machen kann, aber auch als nachgestellte genauere Bestimmung, einer Apposition. Wenn du diese erkennen kannst, ist die folgende Kommaregel auf der nächsten Seite nicht schwer.

MERKE

Komma bei Appositionen

Appositionen werden in Kommas eingeschlossen.

Das gilt auch für nachgestellte Orts- und Datumsangaben.

Auch vor „... und zwar..." bzw. „... und dies ..." steht ein Komma.
Beispiel: Petra, unsere ehemalige Mitschülerin, wollte uns besuchen.
Gestern, am 1. August, kam er uns besuchen.

AUFGABE 9

Welche Apposition gehört in welchen Satz? Schreibe die Sätze mit der richtigen Kommasetzung in dein Heft.

a) Auch Maria hatte Jenny vor Mark gewarnt. (deine Erzfeindin)

b) „Lass die Finger von Mark!", hatte sie oftmals wiederholt. (einen wirklichen Ehrenmann)

c) „Ich weiß, dass er Lizzy immer wieder heimlich besucht." (ihre beste Freundin)

d) „Du solltest auf Timmy warten." (diesem treulosen Gesellen)

e) „Du wirst nur unglücklich werden." (und dies mit Recht)

f) „Und Timmy wird entsetzt sein." (und zwar bis an das Lebensende)

AUFGABE 10

Nun ging alles Schlag auf Schlag. Füge die Datumsangaben ein.

a) Nach einem Vierteljahr ______________________ bemerkte Jenny ihre Schwangerschaft (am 1. August).

b) Sie erzählte ihrem Mann am darauf folgenden Freitag __________________ ________ davon (den 6. August).

c) Ein halbes Jahr später war in den Amtlichen Bekanntmachungen zu lesen: „______________________________: Geboren wurde Tommy Fischling. Sohn von Jenny und Mark Fischling." (Amordorf/3. März/1999).

d) Zwei Tage später ______________________________________ kehrte Timmy von seiner langen Reise zurück (am Freitag /den 5. März).

AUFGABE

11 In dieser Aufgabe musst du alle bis jetzt bekannten Kommaregeln anwenden.

Timmy war todmüde von seiner langen anstrengenden Rückreise aber dennoch voller froher Erwartungen. Sicherlich hatte Jenny das treue sanfte Wesen auch sein zweites Telegramm rechtzeitig erhalten. Der Text lautete: „Ankomme Freitag den 5. März. Dein dich liebender Timmy." Der hoffnungsfrohe junge Mann stürmte auf das rosenumrankte Heimathaus seiner Geliebten zu. Ihr alter Vater öffnete ihm mit trüben traurigen Augen. „Du kommst spät und zwar zu spät", murmelte er. Er wies auf ein Haus eine notdürftig ausgebaute Scheune am Ende der Straße. „Dort wirst du sie finden jedoch anders als erwartet." Grübelnd voll von bösen Ahnungen schritt Timmy auf das Haus zu.

Pause

Geheimschrift: Zu welchen Satzmustern passen die jeweiligen Texte? Schreibe sie richtig auf. Die Schrägstriche helfen dir einzelne Satzelemente zu unterscheiden.

a) XXX ___, ...

b) ooo, ccc + ggg ___.

c) XXX ___ LLL, ..., KKK .

d) 000 UUU III AAA XXX + QQQ .

wir/wünschen/ihnen/zu ihrer vermählung/alles erdenklich gute/und/ein glückliches leben

wir/heiraten/am sonntag/den 30. april/in der dorfkirche

maria/lisa/sowie teresa/waren die brautjungfern

die braut/war hübsch/aber unglücklich

Kommasetzung zwischen Hauptsätzen

1. Er bangte, er hoffte, dann klopfte er an die Tür.
2. Timmys Herz schlug heftig, er ahnte das bevorstehende Unheil, daher klopfte er zögernd an die morsche Tür.
3. Mit quietschendem Geräusch wurde sie geöffnet und er erblickte eine verhärmte Frau und hinter ihr sah er eine Wiege im Raum.

AUFGABE 12

a) Betrachte die markierten Kommas in Satz 1 und 2 und die Satzelemente, die sie voneinander abtrennen. Worum handelt es sich dabei?

____

b) In Satz 3 gibt es die gleichen Satzelemente. Allerdings steht nun kein Komma. Kannst du eine Begründung dafür finden?

____

In den vergangenen Abschnitten hast du gelernt, in welchen Fällen die Kommasetzung einen einzelnen Satz gliedert. Aber die meisten Texte bestehen nicht nur aus Einzelsätzen, die mit einem Punkt voneinander getrennt sind, sondern aus Satzreihen und Satzgefügen. Bei einer **Satzreihe**, um die es in diesem Abschnitt geht, werden einzelne **Hauptsätze** aneinander gefügt. Hauptsätze erkennt man daran, dass sie auch allein stehen können. Du könntest also problemlos bei all den Beispielsätzen im Kasten das Komma bzw. das „und“ durch einen Punkt ersetzen.

MERKE

Komma zwischen Hauptsätzen

Die einzelnen Hauptsätze einer Satzreihe werden durch ein Komma getrennt. Das gilt auch für Hauptsätze, die durch die nebenordnenden Konjunktionen wie z. B. „dann“, „deswegen“ oder „daher“ eingeleitet werden.
Beispiel: Er ging in die Küche, dann schnitt er sich ein Brot ab.

Werden die Sätze einer Satzreihe mit „und“ oder „oder“ verknüpft, muss kein Komma stehen. Man kann es jedoch setzen, um die Gliederung des Ganzsatzes zu verdeutlichen.
Beispiel: Er hörte Radio(,) und sie telefonierte.

AUFGABE **13** Formuliere die folgenden Einzelsätze in Satzreihen um.

a) Jenny starrte ihn an. Sie klammerte sich an die Tür. Dann begrüßte sie ihn.

b) Er wusste nichts zu sagen. Und es gelang ihm nur ein ungeschicktes: „Hallo“.

c) Sollte er besser gehen? Oder sollte er bleiben und ihr Familienglück bewundern?

d) Im Hintergrund begann der Säugling zu quäken. Daher holte Jenny das Kind. Und sie wiegte es in ihren Armen.

AUFGABE **14** In dieser Aufgabe geht die traurige Begegnung weiter. Allerdings musst du nun alle bisherigen Kommaregeln anwenden, wenn der Text die richtige Zeichensetzung enthalten soll.

Es war ein blasses kränklich aussehendes Baby. Timmy ältester Bruder von vielen jüngeren Geschwistern kannte sich etwas aus. Neugeborene waren zwar immer faltig und nicht jedes Kind hatte eine gesunde Gesichtsfarbe. Aber dieser hilflose kleine Bursche wimmerte kläglich. Er schien Schmerzen zu haben oder die düstere muffige Atmosphäre des Hauses schien ihm bereits in seinen ersten Lebenstagen die Freude am Dasein den Lebensfunken zu versagen. Der Anblick des kränkelnden Kindes die Begegnung mit der unglücklichen Jenny sein eigenes Versagen all dies war zu viel. Timmy wandte sich ab und er eilte die Straße entlang ohne Richtung ohne Ziel.

Komma bei Haupt- und Nebensätzen

1. Es war ein sonniger Tag, an dem keine Wolke am Himmel stand.
2. Da der Winter lang und kalt gewesen war, schienen alle Menschen auf der Straße die Frühlingsluft zu genießen.
3. Timmy, der grußlos an allen bekannten Gesichtern vorbeieilte, wusste nur eins: Er suchte einen Platz, wo er allein sein konnte.

AUFGABE 15

a) Betrachte die markierten Satzbestandteile bei Satz 1 und Satz 2. Kann man sie auch mit einem Punkt vom restlichen Satz abtrennen? Warum nicht?

____

b) Welches sind die unselbstständigen Satzbestandteile bei Satz 3?

____

Im Gegensatz zu einer Satzreihe besteht ein Satzgefüge aus Haupt- und Nebensätzen. Nebensätze erkennt man daran, dass sie nicht allein stehen können, sondern einen Hauptsatz brauchen. Das gebeugte Verb steht meistens am Satzende.

MERKE

Komma bei Haupt- und Nebensätzen

Die Haupt- und Nebensätze in einem Satzgefüge werden durch Kommas getrennt.
Beispiel: Er suchte einen Platz, wo er allein sein konnte.

AUFGABE 16 Bilde Satzgefüge und setze die Kommas.

a) (Nachdem) Timmy war gegangen. Jenny kehrte ins Zimmer zurück.
b) (Da) Mark war schon wieder seit einigen Tagen nicht nach Hause gekommen. Sie war allein.
c) (Obwohl) Sie hatte sich schon an seine häufige Abwesenheit gewöhnt. Sie fühlte sich nun völlig verzweifelt.
d) (Wenn) Mark würde vielleicht nie mehr zurückkehren. Was sollte sie dann tun?
e) (Als) Das Kind hatte sich wieder beruhigt. Sie legte das Kind in die Wiege zurück.

AUFGABE 17 In dieser Aufgabe wurden Nebensätze in Hauptsätze eingebettet. Achte darauf, dass das Komma vor und nach dem Nebensatz steht.

Mark der sich schon kurz nach seiner Heirat nach seinem ungebundenen Junggesellenleben zurücksehnte begab sich oft auf „Geschäftsreisen“. Er war obwohl er Jenny irgendwie liebte ein sehr freiheitsdurstiger Mensch. Niemand im Dorf wusste was er eigentlich tat und man munkelte allerlei dunkle Geschichten. Auch Jenny die ihn oft gefragt hatte welche Geschäfte er tätigte bekam nur unklare Antworten. Sie hatte sich damit abgefunden dass das Geld oft knapp war und sparte wo sie konnte. Aber immer häufiger wenn sehr zwielichtige Gestalten in ihrer dürftigen Behausung auftauchten lauschte sie beunruhigt wenn von „Ware“, „Stoff“ und „Blauen“ die Rede war. Was waren das für Stoffe mit denen Mark handelte und warum hatte sie nie welche gesehen?

AUFGABE 18

Setze die fehlenden Kommas im folgenden Text. Du musst nun alle bekannten Regeln anwenden.

Das Dorf das in einer Talmulde lag war von einem dichten beinahe undurchdringlichen Wald umgeben der sich an den umliegenden Hügeln emporzog. Ein einsamer und gewundener Weg führte durch den Forst auf eine kleine Anhöhe die nachdem ein fürchterlicher Sturm vor Jahren eine Lichtung geschlagen hatte einen freien Ausblick über das Land ermöglichte. Nur ein einzelner Baum eine gewaltige Buche hatte dem Sturm widerstanden und dies war der Ort wo man sich traf wenn man allein sein wollte.

Timmy der den Aufruhr in seinem Inneren besänftigen musste eilte zu diesem einsamen stillen Platz. So viele Paare hatten sich hier gefunden und ihre Namen in die zernarbte aber geduldige Rinde des Baumes eingelassen. So viele Paare seit so vielen Jahren hatten diesen Platz aufgesucht dass die Liebesgeschichten beinahe des gesamten Dorfes an diesem Stamm abzulesen waren. Mit Rührung sah Timmy die Namen seiner Eltern die von Moos überzogen nur noch mit Mühe erkennbar waren. Vergeblich suchte er ein Zeichen von Mark und Jenny und er nahm es beinahe mit Erleichterung wahr dass ihre Namen fehlten.

Komma beim erweiterten Infinitiv und bei Partizipien

1. Timmy beschloss **so schnell wie möglich abzureisen.**
2. Er würde nur wenige Stunden benötigen **um seine Angelegenheiten im Dorf zu regeln.**
3. **Die Zähne fest zusammengebissen und den Blick starr nach vorne gerichtet** kehrte er von seinem Spaziergang ins Dorf zurück.
4. Er entschied sich am nächsten Tag, **seine Koffer wieder zu packen.**
5. a) Er dachte nämlich daran, **sich endgültig im Ausland niederzulassen.**
   b) Er beabsichtigte **sich endgültig im Ausland niederzulassen.**

AUFGABE 19

a) In den Sätzen 1 und 2 kannst du an den fett gedruckten Stellen den erweiterten Infinitiv erkennen, bei Satz 3 wurde eine Satzverkürzung mithilfe von Partizipien markiert. Welche Zeichensetzungsregel lässt sich von diesen drei Satzbeispielen ableiten?

____

____

b) Warum ist das Komma in Satz 4 jedoch sinnvoll?

____

____

c) Satz 5 a und 5 b sind inhaltlich beinahe gleich. Welche Aufgabe erfüllt das Wort „daran“ in Satz 5 a und welche Folge hat dies für die Zeichensetzung?

____

____

MERKE

Komma beim erweiterten Infinitiv und bei Partizipkonstruktionen

Vor dem erweiterten Infinitiv und bei Partizipkonstruktionen steht im Allgemeinen kein Komma.
Beispiel: Er bat mich in sein Haus zu kommen.

Man setzt ein Komma nur dann, wenn
1. Mehrdeutigkeiten vermieden werden sollen,
   Beispiel: Er bat mich, eilig zu kommen. bzw.: Er bat mich eilig, zu kommen.
2. eine hinweisende Formulierung auf den erweiterten Infinitiv erfolgt.
   Beispiel: Ich dachte nicht **daran**, ihm zu schreiben.

AUFGABE **20** Setze nur die unbedingt notwendigen Kommas.

Es dauerte nicht lange seine wenigen Besitztümer aus seinem Zimmer zu räumen. Und auch seine betrübte Familie konnte ihn nicht daran hindern seinen Entschluss umzusetzen. Vor vollendete Tatsachen gestellt half ihm seine Mutter beim Aussortieren und Packen. Es gelang Timmy am Abend einen Flug in die ferne Stadt zu buchen. Aber es war zu spät um den letzten Zug zum Flugplatz zu erreichen. Von den Ereignissen des Tages völlig erschöpft sank er in sein Bett. Sein Lebensglück verpasst zu haben war ein unerträglicher Gedanke. Beinahe so unerträglich wie die Schuld daran auch Jenny ins Unglück gestürzt zu haben.

Nun bist du mit den Regeln und Übungen auf den vergangenen Seiten an das Ende deiner Wiederholungsübungen zur Zeichensetzung angelangt. Wenn du also bei allen Texten, die du schreibst, auf diese Grundsätze achtest, wird dir so schnell kein Kommafehler mehr passieren. Falls du auch den folgenden Test ohne Fehler bestehst, kannst du auf einen erfolgreichen Abschluss dieses Kapitels stolz sein. Aber hat unsere traurige Liebesgeschichte nicht auch ein Recht auf einen erfolgreichen Schluss, auf ein Happyend? In gewisser Weise wirst du dafür mitverantwortlich sein.

Test

In diesem Text fehlen 20 Kommas. Wo gehören sie hin?

Am Abend dieses aufregenden grausamen Tages war Mark sehr spät kurz vor Mitternacht zurückgekehrt. Jenny schlief bereits aber wachte auf, als er unruhig im Haus herumging. Irgendetwas war geschehen, irgendeine Bedrohung schien mit ihm hereingekommen zu sein. Als sie aufstand und ihn ansprach herrschte er sie nur grob an. Er befahl ihr wieder ins Bett zu gehen und die Tür zu schließen. Dann ging alles sehr schnell. Jemand klopfte an die Tür, laute Stimmen waren zu hören, Möbelstücke wurden umgeworfen, plötzlich fiel ein Schuss jemand schrie auf. Zu Tode erschrocken verbarg sich Jenny unter ihrer Bettdecke den kleinen wimmernden Säugling fest an sich drückend. Dann war es lange Zeit nur noch still. Es schienen Stunden vergangen zu sein bis sie sich endlich traute die Schlafzimmertür zu öffnen. Zunächst konnte sie in dem dunklen verwüsteten Raum nichts erkennen, dann aber erblickte sie Mark ihren Mann auf dem Boden. Er war tot, starr richtete sich der Blick seiner geöffneten aber gebrochenen Augen auf die Zimmerdecke. Kaum hatte Jenny erfasst, was passiert war, nahm sie ihr Kind, verließ das Haus und rannte durch die Dunkelheit zu dem Haus ihres Vaters.

Noch in der Nacht erfuhr das gesamte Dorf von dem Überfall. Die Neugierigen versammelten sich vor der elenden Hütte und versuchten herauszubekommen was geschehen war. Aber nicht nur die Polizeibeamten sondern auch sehr viele Dorfbewohner waren wenig überrascht über das unglückselige Ende von Mark. Man hatte schon geahnt, dass er in dunkle Geschäfte verstrickt war. Als Timmy erwachte, erzählte ihm seine Mutter von den Ereignissen der Nacht. Ungläubig hörte er ihr zu. War dies ein Traum war dies ein Schicksalsschlag? Als er auf die Uhr schaute stellte er fest, dass es

Zeit war zum Bahnhof zu gehen. In wenigen Stunden würde sein Flugzeug abheben und morgen schon sollte er seinen neuen Auftrag antreten. Dann wurde ihm klar, dass er nicht noch einmal den gleichen Fehler begehen durfte. Tief aus seinen gepackten Koffern zog er eine kleine Schachtel in der zwei Ringe lagen. Er steckte sie ein nahm ein Stück Papier und schrieb darauf: „Bitte heirate mich nicht länger warten.“ In diesem Fall jedoch dachte er an das unglückselige Komma, setzte es an die richtige Stelle und machte sich auf um Jenny zu sehen.

Wenige Monate später wurde an einem sonnigen Tag eine prächtige und fröhliche Hochzeit im Dorf gefeiert. Und schon längere Zeit davor konnten Spaziergänger an der „Liebesbuche“ eine neue frisch eingeritzte Inschrift lesen: „Endlich und für immer: Jenny und Timmy.“

Bewertung:

0–1 Fehler: Sehr gut

2–3 Fehler: Schreibe die Sätze mit den falsch gesetzten Kommas noch einmal richtig auf.

ab 4 Fehler: Überprüfe, ob du das Kapitel gründlich durchgearbeitet hast.

Silbentrennung

9

MERKE

Die Silbentrennung

1. Die Trennung von Wörtern am Zeilenende erfolgt in der Wortfuge und nach Sprechsilben.
   Beispiele: Haus-tür, Häu-ser-rei-he, Kon-sum
2. Kann man eine ursprüngliche Wortfuge nicht mehr erkennen, gibt es zwei Trennmöglichkeiten.
   Beispiele: wa-rum (war-um), da-rin (dar-in), Mag-net (Ma-gnet)
3. Einzelne Vokale können abgetrennt werden.
   Beispiele: I-gel, na-tio-nal
4. Einzelne Konsonanten kommen auf die nächste Zeile. Bei mehreren Konsonanten kommt nur der letzte auf die nächste Zeile.
   Beispiele: bei-ßen, er grüß-te, El-tern, Verzei-hung, Meis-ter
5. Die Buchstabenverbindungen ch, sch, ph, rh, sh, th sowie ck sind nicht trennbar.
   Beispiele: Ta-cho, Ma-sche, Ma-the-ma-tik, Zu-cker

AUFGABE

1 Trenne so oft wie möglich.

Kaufmann, kaufmännisch, Fondue, worüber, hinein, Signal, Chirurg, Interesse, aber, Ofen, asiatisch, reißen, Lehrerinnen, Kasten, Methode, Lasche, Kollision, biologisch, Alarm

Hinweise zur neuen Rechtschreibung: Die wichtigsten Neuerungen

Stammprinzip

Der Wortstamm wird in allen Wörtern einer Wortfamilie gleich geschrieben: Bändel (zu Band), nummerieren (zu Nummer), platzieren (zu Platz).
Bei Zusammensetzungen bleibt der Wortstamm erhalten. Dies kann zu drei gleichen Konsonanten führen: Brennnessel, Balletttänzer, Stofffetzen.

s-Laute

ss statt ß nach kurzem Vokal: Kuss, Hass, er lässt, sie muss; Konjunktion dass.
Aber: ß bleibt nach langem Vokal oder zwei Vokalen erhalten: Maß, beißen, Fuß

Silbentrennung

Trennung ist nach Sprechsilben oder Wortfugen möglich: da-rauf, dar-auf
st ist trennbar: Wes-te, Kas-ten
ck wird nicht mehr getrennt: Zu-cker, Ba-cke
Einzelne Vokale sind abtrennbar: U-fer, A-horn

Groß- und Kleinschreibung

Substantive werden in Verbindung mit einer Präposition oder einem Verb generell großgeschrieben: in Bezug auf, im Grunde, Rad fahren, Tennis spielen
Tageszeiten werden in Verbindung mit heute, (vor)gestern oder (über)morgen großgeschrieben: heute Mittag, gestern Abend
In festen Verbindungen gilt Kleinschreibung: die erste Hilfe, das schwarze Brett
Die vertraulichen Anredefürwörter du und ihr werden (auch im Brief) kleingeschrieben.

Getrennt- und Zusammenschreibung

Getrenntschreibung ist der Normalfall: Halt machen, sitzen bleiben, zueinander finden, wie viel

Fremdwörter

Vereinfachte Schreibung bei Fremdwörtern mit bestimmten Lautkombinationen ist erlaubt: Nougat/Nugat, Geographie/Geografie, Ketchup/Ketschup.

Zeichensetzung

Mit „und" und „oder" verbundene Hauptsätze müssen nicht mehr durch ein Komma getrennt werden: Er kam(,) und sie ging.
Beim erweiterten Infinitiv mit zu und bei Partizipkonstruktionen muss kein Komma mehr gesetzt werden. Um schneller in die Schule zu kommen (,) nahm er den Bus.
Ausnahme: hinweisendes Wort oder Wortgruppe: Daran, das Auto länger zu behalten, dachte sie nicht.